実話怪談
封印匣

ねこや堂

竹書房
怪談
文庫

※本書に登場する人物名は、様々な事情を考慮してすべて仮名にしてあります。また、作中に登場する体験者の記憶と体験当時の世相を鑑み、極力当時の様相を再現するよう心がけています。現代においては若干耳慣れない言葉・表記が登場する場合がありますが、これらは差別・侮蔑を意図する考えに基づくものではありません。

まえがき　匣の中に隠れている

物を入れる蓋付きの容器のことを全般的に「箱」というそうだ。

箱、函、匣、筐、筥。

どれも「はこ」と読むけれど、それぞれにその形状を表しているのだとか。

この中の「匣」だが、「蓋が付いていてぴったりと被さるもの」をいう。

蓋をしてしまえば中のものは見えない。故にどんなものが入っているのか、外側からは分からない訳だ。

中に入れるものに気持ちを込める贈り物。様々な思い出の品。そして、遺品。

匣の中に何を入れるかは自由だけれど、入れっ放しにして忘れ去られたものは何かが宿ったりはしないだろうか。

ぴったりと閉じられた空間で凝《こご》って濃縮されたとして、果たしてどんなふうに変貌を遂げているのか。

蓋を開ける勇気は——、ありますか。

目次

まえがき 3
祖母のこと 6
最初の箱 11
銀木犀 17
山姫 21
業報 24
咒いの家 35
箱――次は 59
金属片 77
ウカヌイ 81

86 うがみさま
89 代償
111 狐か狸か
118 むしひめ
121 おにわさま
127 魂の乗り物
132 石棺
135 もう一つの、匣
154 葬送狂騒曲
163 度重なる
171 床下の金庫
181 螺鈿の蝶
202 初戀

220 あとがき

6

祖母のこと

紗和《さわ》の父方の祖母は所謂《いわゆる》「拝み屋」又は「呪《まじな》い屋」と呼ばれる霊能者だ。元は京都の生まれらしいが、詳しくは知らない。

何でも戦争未亡人であるらしく、長男である伯父を連れて祖父と再婚した。身内は全員戦争で亡くなったそうで、親類縁者は残っていない、らしい。

らしい、というのは祖母本人がそう言っているからというだけで、実際にそれを確認する術がなかったからだ。戦後の混乱の中、戸籍等で分かったのは前夫の死亡ぐらいであったろうことは想像に難くない。

記憶にある限り、祖母は不思議な人だった。その祖母の血筋なのだろう。父も姉も「視える」人で、中でも紗和が一番色濃くその能力を受け継いでいた。

物心付く頃、いや、もっと前からかもしれない。よく箱の中に閉じ込められる夢を見た。

「それはククリの血やで、しょうがない」

夢のことを祖母に話すと、そう言われた。「ククリ」が何のことかは分からなかった。


その祖母の葬儀のときの話である。

受付周辺がざわついている。騒がしいというほどではないものの、弔いの場に似つかわしくないざわめきである。祖母は生前知り合いが多かったらしく、結構な数の弔問客がいたがそのせいではない。その中に「見知らぬ者」が二人いたのだ。

いや、二人とも「見知った顔」だ。この場にいる者で、この顔を知らない者がいる訳がない。今、正に棺の中に横たわっているその顔だ。

顔つきも、背格好も、ちょっとした仕草ですら、複写機で写し取ったようにそっくりで、髪が真っ白なところやその長さまでもが同じだった。

受付が混乱したのも無理からぬことで、場所が場所だけに「祖母ちゃんが生き返った」だの「化けて出た」だの「何で祖母ちゃんが二人」だのと静かに動揺が広がった。

祖母のことだ、間違っても「化けて出る」などということはないと思う。況《ま》してや分裂するとか。が、しかし。では、あれは一体。

「誰？」

「知らん」

姉とコソコソ話している後ろから声がした。

「あれは祖母ちゃんの妹だ」

男の声だ。伯父だと思った。祖母は伯父を連れて祖父と再婚したから、嫁ぐ前の京都の実家のことを知っていても不思議はない。

祖母の妹らしき二人は、祖母の棺を覗き込み初めて声を発した。

「ねさま」

「ねさま」

「迎えに来ました」

「帰りましょう」

迎え？

帰るって、どこに？

困惑している間に、気付けば老女達は姿を消していた。葬儀の後、弔問客に記帳してもらった芳名帳を隅から隅まで調べてみたが、そこにも該当すると思われる名はなかった。

このときのことは相当強い印象で記憶に残っていたようで、五年程前、親戚一同揃った席で何とはなしに話題に上がった。

「言うたの俺やないで」

伯父は祖母が再婚する前のことを殆ど知らなかった。嫁いだのは物心付くか付かないかの頃のことなので、祖母の生家やあちらの親類は知らないという。それなのに祖母の妹など知るはずもないと。

「身内は全員戦争で死んだ、としか聞いとらん」

ではあれは、あの声は誰だったのか――。

その後暫《しばら》くして、伯父から連絡があった。

「ひょっとしたら、祖母さんの実家から来た年賀状が見つかるかもしれない」

親戚縁者が死に絶えたはずの祖母の実家から、何故年賀状が届き得たのか。

身内は全員死んだと聞かされていた伯父が京都の祖母の実家を知ろうはずもなく、

故にこちらから連絡できる訳もない。どうやって先方は伯父の住所を知ったのか。

その年の冬、伯父が亡くなったため、諸々の疑問も引っくるめてあの老女達が何者であったのか、とうとう知れないままである。

最初の箱

五歳の頃であったと思う。当時、紗和は人や動物等の霊とは全く違う「人ならざるもの」をよく見ていた。

雨と一緒に空から降ってくる、手足の生えた透明なキノコ。

楽しそうにお喋りして笑う、頭部が花の女の人達。

一升瓶の頭を持つ着物を着た男。

神社の古木には紙垂《しだ》で顔を隠した老人がいて、空には身をうねらせて悠々と泳ぐ龍の姿があった。

今思えば、自然霊と言われる類のものだったのだろう。幼かった紗和には、それらと「人間」との区別が付かなかった。

紗和の母はそういった資質を全く持っていなかった。そのためか、幽霊ではないおかしなモノのことを、そこに当たり前に「在る」ものとして口にする娘を持て余した。

加えてこの頃の紗和は夜驚症も酷かった。昼は訳の分からないモノの話をし、夜は絶叫して飛び起き泣き叫ぶ娘の様に次第に追い詰められた母は、ノイローゼに陥った。

それを見かねたのか、紗和を母方の伯父のところに預けるよう言ったのは祖母だった。

「目ぇはくれてやれ。お前はまだ音がある」

出発前、紗和に祖母はそう言った。いや、「音」だったのか「喉」だったのか。その辺は少し判然としないが、何分にも五歳の幼児の記憶だ。ただ、さっぱり意味は分からなかったが、とにかくそう言われて送り出されたのを覚えている。

伯父の家は背後に山を従えた海辺の小さな漁師町で、遊び場らしい遊び場もなかった。

なので紗和はよく一人で稲荷を祀る近くの神社に行った。そこには浅葱《あさぎ》色の着物を着た青年がいて、いつも紗和の遊び相手になってくれたからだ。

その日、いつものように神社へ遊びに行くと、青年の姿が見えない。珍しいこともあるものだ。いつ来てもここにいたのに。

青年を探して視線を転じた先、境内の真ん中から「何か」が出てくるのが見えた。

瞬間、目に映る全ての色が反転した。銀塩写真のネガフィルムのような色彩はただ不気味で、只管《ひたすら》に恐ろしかった。

目の前を悠然と通り過ぎる行列。異様に大きかったり細かったりする頭の者どもが、畳でできた簡素な乗り物を担いでいる。その上には紙か布で顔を隠した人が乗っていた。

鳴り響く太鼓。しゃん、しゃん、と振り鳴らされる鈴の音。りんりん、ちんちん、と目を凝らしても姿形の分からないものが何か楽器を鳴らしている。得体の知れない恐怖に身動《みじろ》ぎもできなかった。

「あれに連れて行かれるより」

――私といるほうがいい。ね？

いつの間にか紗和の後ろに青年が立っていた。目の前の異形がただ怖くて、青年の言葉に何度も頷《うなず》いた。

「私と一緒においで」

多分そんなふうなことを言われたと思う。その刹那、祖母の言葉が頭を過《よぎ》った。

『目ぇはくれてやれ。お前はまだ音がある』

「目なら！　目ならあげる！」

何度もそう言い募った。


肩を掴まれ、揺さぶられる感触で紗和は我に返った。伯父が酷く狼狽《ろうばい》した様子で顔を覗き込んでいた。

体感にして数時間とも数十分とも思われたあの出来事が、実際はもっと時間が経っていたのだと知らされた。三日間、紗和は行方知れずだったのだ。

このとき紗和をこちら側に連れ戻すために尽力してくれたのは、伯父が住む集落の呪い師の老女で、これ以降紗和とは長い付き合いとなる。

そうして戻ってきた紗和の手の中には、一センチ四方のサイコロのようなものが握り締められていた。竹のような素材でできたそれは、振るとカラコロと僅かな音がして中が空洞であろうことが窺《うかが》えた。

――これは箱だ。そう直感した。

生還した紗和は伯父の家から自宅へ帰された。箱は帰宅してすぐ祖母に取り上げられた。寡黙ではあるけれどいつもは優しい祖母が、そのときばかりは酷く怖い顔をしていたのが鮮明に記憶に残った。

「お前は神社に行ってはいけない。そこで誰に何を言われても約束をしてはいけない」

しつこいくらいに祖母にそう言い含められ、塩と米、小豆の入った手作りの御守りを渡された。高校に上がる頃になくしてしまったが、祖母はその数年前には亡くなっていたため、それからは自ら見様見真似《みようみまね》で作っている。

目を奉じたからだろうか、あれからあの青年に直接逢ったことはない。ただそれは紗和の目には触れないというだけで、周囲には時折目撃されているらしい。

「あの青い着物を着た人、さぁちゃんのお兄ちゃん？」

「あの人彼氏？　今時着物ってなくね？」

「お前、浮気してるだろ。何だあいつ。着物なんか着て俺のこと睨みやがって」

小学校で、中学時代、高校生になってからも、当時の友人や彼氏に度々そう言われた。

「昼間お電話したとき、御主人にもお話ししたのですが」

「御主人、凄くイケメンですね。いつも着物で、御職業が何か着物に関わることですか？」

不在時に掛かってきたセールスの電話にも対応している節さえある。コンビニでは顔見知りの店員に声を掛けられた。

身に危険が迫ると夢に現れて忠告してくれたり、対処してくれたりするので、護ってくれてはいるのだろう。

ただ、強請《ねだ》られる対価にちょっと困ることがたまにあるけれど。

銀木犀

紗和が小学生の頃、住んでいた場所の近くに喫茶店があった。

ＪＲの高架下にあるそこはアンティークのカップで珈琲を出す店で、入り口脇に銀木犀が植えられていた。

子供が気安く入れるようなところではないのだけは何となく理解していて、それでも窓の外から見えるアンティークの陶磁器に心惹かれた。

いつか、もう少し大きくなったらここに入ってみたい。その空間に小さな羨望を抱いた。

その店の外に時折、歳の頃で言えば二十歳前後だろうか——少し変わった和装の青年が立っていることがあった。

——あ、またいる。

学校からの帰り道、銀木犀の傍に立つ青年に視線を向けていると、ふと目が合った。青年はゆるりと口角を上げながら手招きをする。

一重の目元涼しい整った顔立ちで、白い狩衣《かりぎぬ》のような装束を着ている。いや、上衣は袷《あわせ》があって直垂《ひたたれ》のようにも見えるが、前側は短いからか袴の中に入っておらず腰のところを紐で結んでいる。全体が白い装束の中で紐だけが緑か青の色が付いていたように思う。

銀木犀の枝に手を伸べて、白い指で花を集める。その指から僅かに零れた花が青年の足許に落ちた。足首でゆったり絞った白い指貫から見えるのは剥き出しの足。

上下が妙にちぐはぐな印象があった。よく見れば、身に纏う着物も随分と草臥《くたび》れていて、着古したもののようにボロい。けれど身体の中心から滲み出る光に覆われていて、ただ美しいと思った。

そうして青年はその手に集めた銀木犀の花を、紗和に差し出してくる。掌で受けて、ノートの切れ端に包むようにして持って帰った。

この系統の花は枝から離れると変色するのが早いのだが、三日程は傷みもせず綺麗なままで仄かに香っていた。青年から花を貰ったのはその一度だけだった。

中学に上がる少し前に、喫茶店は店を閉めてしまった。憧れた空間は憧れだけで終わり、中には入らず仕舞いだった。

銀木犀はそれでも店の入り口脇にあり、あの青年は変わらずそこにいた。

それから暫く経ったある春の日、あの店の前を通りかかった。業務用調理器具の販売店が入るらしい。改装のためと思われる作業員がいた。

店の間口を広げるためなのだろう、見ている間に銀木犀は根本から伐られてしまった。青年の姿はどこにもなかった。

翌日、枕元にほんの一握り、銀木犀の花が落ちていた。一週間ほどは枯れもせず綺麗なまま仄かに香っていたが、その後やはり茶色く変色してしまった。

何となく捨ててしまうのは憚《はばか》られて、折り紙で箱を折ってその中に入れた。そのまま大事に仕舞っておいた。

日本にある金木犀や銀木犀は、十七世紀頃に中国から渡来したと言われている。花付きの良い雄株しか移入されていないとか、ソメイヨシノのように一本の親木からのクローンであるとか諸説色々あるようだが、日本での雌株の存在は確認されていないらしい。故に繁殖方法は「挿し木」「取り木」「接ぎ木」「株分け」の四種類だ。

図書館等で衣装の資料集を調べたが、あの青年が着ていた武家装束と公家装束が混ざったような服装にピタリと当て嵌《は》まるものはなかった。上下ちぐはぐな装束の印象から何となくだが、あの木は「接ぎ木」されたものだったのではなかろうか、と思った。

高校に上がる前、引っ越しをすることになった。その最中、荷物を詰めた段ボール箱が燃えるという小火《ボヤ》騒ぎがあった。

原因は認知症の始まった祖父の煙草の不始末で、幸いにも幾つか纏めて置いてあった荷物の中で燃えたのは一つだけだった。

すぐ隣にあった紗和の私物の段ボール箱は角を少し焦がしただけで済んだが、そこに仕舞われていた銀木犀が入った折り紙の箱だけが、周りを一切焦がすことなく中の花諸共に綺麗に灰になっていた。

山姫

小学生だった紗和が祖父母の墓参りに行ったときのこと。

母方の実家があるのは、背後を山に囲まれた漁村だ。海沿いに張り付くようにある小さな集落は、平家の落人伝説があるのも頷けるような鄙《ひな》びたところにある。必然的に墓は山の斜面に階段状に建てられている。

その墓参りの帰り道、紗和は焦っていた。

よく知っているはずの道だった。紗和が預けられていた伯父の家までは慣れた道だ。それがいつの間にか、道を逸れて山のほうに入り込んでいる。

どんどん日が近くなってきている気がする。頂上に向かっている、という自覚はある。

いや、意識は山を下っているつもりなのに、上に登っているような妙な感覚。何が何だか訳が分からなくなって、とうとう足が止まって座り込んだ。

——かさり。

すぐ上の崖から小さな音がした。下草を踏むようなその音に視線を上げる。

見えたのは鹿らしきものの四肢と、その上で眩いばかりの——光る人。

鹿に乗っているのか、下半身が鹿なのか、眩しくてよく分からない。眩く神々しい光の中に、静かに澄んだ双眸《そうぼう》だけがあった。

「な、何……？」

我知らずそう言葉が溢れ落ちた瞬間、頭の中に流れ込む四季折々の山の映像。

何年、何十年、何百年ものこの山の営みが、命が粛々と移ろい行く様が、記憶が、記録が、激しい奔流となって押し寄せる。無理矢理頭の中に雪崩れ込むそれに堪え切れず、紗和は昏倒した。

気が付くと、膝を地に付け、尻を持ち上げた格好で前のめりに枯れ葉の中に顔を突っ込んでいた。誰も見ていなくて良かった。

後日、知人にこの話をしたところ、彼女もそれに遭遇したことがある、とのこと。

高千穂に旅行した折に、良い気を貰おうと少し一般道を外れて森の中に足を踏み入れた。その目の前に、鹿に乗った着物姿の女性が現れた。

——山姫様だ。

そう直感した。黙って道を譲り、そのまま膝を折って地面に額を擦り付け、只管通り過ぎるのを待った、という。

思わず二人して顔を見合わせた。

あんなものと意志疎通ができる訳がない。あれは「自然」そのものなのだ。自然の摂理に従わないものに対しては問答無用。容赦なく屠《ほふ》る。

それが否応なく一目で理解させられる。

「だから、山に入る職業の人って、山姫様に対して守らなきゃならない約束事は絶対守るじゃない？」

あれはそうならざるを得ないからだ、ということでお互いの見解が一致した。

業報

祖母の知人に、霊に関する事象で度々紗和が世話になった住職がいる。

自分なりに対処しても追い払えないものに遭遇したときに、大層頼りにさせてもらった。

年齢は祖母より十歳くらい上だろうか。檀家やそこに出入りする人達から親しみを込めて「和尚《おしょう》」と呼ばれるその住職は、一見してもう「そっちの人」と思わせる凄みがあった。

「人を殺したことがある」と言われても納得する雰囲気、というか、そんな「気配」を纏っている。恐らく、そういうことなのだろう。

だが、笑うと途端に愛嬌のある好々爺《こうこうや》にしか見えなくなる。実に不思議な人物だった。

和尚が居住する寺は山間の小さな集落にあって、紗和のような子供から結構な大人まで幅広い年齢の人が出入りしていた。

時折祖母に連れて行かれたそこで、紗和は自分より年下の男の子を見かけるようになった。

紗和に分かったのだから、祖母には一目瞭然だろう。その子は祓い手としてかなりの力を持っているようだった。しかし何分にも幼過ぎて力の制御ができていない。故に霊障に悩まされている。そんな様子が見受けられた。

「道筋を示してやるのかね」

「ほうじゃのう。まだ五つじゃで難しいわの」

祖母からの問い掛けに苦笑いで答えた和尚は、紗和を手招いた。

「嬢はお不動さんとこ行こか」

紗和に呼びかけるとき、和尚は目を細めて「嬢」と呼ぶ。この頃の紗和はここに来ると必ず不動尊にお祈りをさせられた。

「嬢は怖いもんが出たとき、どうやって退治しとる?」

連れ立って歩く道すがら、そう問われた。

「ちっさい人達にお願いするか、木の人にお願いするか、あと」

指を折って数えながら答える。

「殴って川に捨ててくる」

「……あんた間違いなくフミさんの孫じゃな。参考にならん」

ボヤくような和尚の声に少し考える。

「絶対負けない強いロボットにぼかーんてやっつけてもらうの。で、川に捨ててきてもらう」

「ああ、イメージか。なるほどのぉ」

紗和の返事に目元を綻ばせて、うんうんと和尚は頷く。

それから暫くして久々に寺を訪れたとき、本堂から子供のものと思われる大きな声が響き渡った。

「えくすかりばーっ！」

途端、付近一帯の霊が静まり返る。どうやら紗和のアドバイスは無駄にはならなかったらしい。

それから高校に上がるまでに、彼、明宏とは度々顔を合わせた。成長して力の使い方が安定してきたせいか、祓い屋になることを勧められたという。だが明宏は首を縦には振らなかった。

「だって、エクスカリバーって叫ばないと祓えないんだよ？　恥ずかしくて、とてもじゃないけど人前で見せるのは……」

能力は申し分ないのに勿体ない、と少し残念に思った。


祖母が亡くなってからは久しく足が遠のいていたのだが、突然和尚から電話があったのは中学生のときだった。

「嬢、久し振りやな。元気にしとるか」

「ええ、お久し振りです」

何か困ったことでもあったのだろうか。そう問えば、苦笑いで返された。

「聡いのぉ。実はな、ちぃと相談いうか、お願いがあるんや」

和尚には一人、弟子がいる。

能力自体は大したことはないが、底抜けの善人というか、お人好しというか。自分の手に負えぬようなものまで全部引き受けてしまおうとする。

いつか受け止め切れない禍で命を落とすだろうことは目に見えていた。ならばせめて、自分がその禍を運ぶ者にはなりたくない。和尚の許に足を向けるのを控えたのには、そういった理由もあった。

「お願いも何も、自分で無理だと思ったものは引き受けないことを約束させないと、命を落としますよ」

「嬢は流石、容赦ないのぉ」

電話口で笑う和尚の声に違和感を覚えた。いつもと同じ笑い方だ。だが、どこか力が抜けていて覇気が感じられない。違和感しかなかった。

「儂なぁ、もう長うないと思うんや」

ぽつりと落とされた言葉に、そうですか、と返すしかなかった。

「あれもなぁ、嬢くらい肝が据わっておればええんじゃけんども」

残して逝くんが、気掛かりでな——。

詳しくは聞いていないから分からないが、和尚の寺は、前任者がいなくなれば本山から後任が配属される、というのではないらしい。もしかしたら寺自体が集落の持ち物で、そこに集落の希望で住職を招いていたのかもしれない。だから和尚が亡くなれば、寺には弟子の清隆が一人で残ることになるのだろう。善意と自己犠牲の塊のようなあの弟子がどうなるのか。

和尚はそれが気に懸かっていたようであった。

「もう気付いとるかもしれんが、儂ぁ若い頃は筋もんでの」

「やっぱり」

ほうか、案の定気付いとったな、と和尚はからからと笑う。

「下っ端でな。何というかまあ、『処理』を任されとった」

問題を起こした組員やチンピラの遺体を始末する、それが仕事だったのだ、と。

ある日、どういう訳かそのときに限って『処理』しなければいけない案件が重なったことがあった。取りあえずで、組の所有する物件の一つに家族五人放り込んだ。

「娘だけしかおらんようになっとった」

食べ物もない窓もない逃げられない空間で、娘を除く四人もの人間が消えた。そ、い、う、い、う、ことなのだろう、と察しはしたが、手間が省けたという程度にしか思わなかった。

「今もじゃが、あの頃も儂ぁ人間じゃなかった」

言葉の端々に老人の苦い悔恨が滲む。

——人間じゃなくなると、慣れるんじゃ。

楽になったとしか思わなかった。『処理』しなければいけない者をどんどんそこへ放り込んだ。男女の別なく入れたが、暫くして覗くといつも娘だけがそこにいた。

不思議というよりは、面白くなってきて、少しの間身を隠していれば済むような者もそこへ入れるようになった。部屋にビデオカメラを仕掛けて、何が起きているのかを眺めたりもした。内容はとても人に話せるようなものではなかったが。

「あの娘も何か憑いとったんかもしれん」

暫くしたら、部屋に直接行っていた部下がいなくなった。まあ代わりは幾らでもいる業界だ。さして気にはしなかったが、そこを担当させると皆いつの間にか行方が知れなくなる。そうなると慣れない者やただその辺で捕まえた一般人をアルバイトで使うようになった。

その中の一人、バイトの大学生が同情したのか恋慕したのか、例の娘に食事を買い与えていたらしい。気付いたときには監禁していた部屋の鍵は開けっ放しで、娘は姿を消していた。

そこにはその大学生の服と、それに包まれた死産した嬰児《えいじ》の遺体だけが残されていた。

「大学生のほうは服以外、骨も残っとらんかった」

嬰児のほうは適当な箱に入れて、それなりの処理をして部屋の隅に放っておいた。

そんなある日、部屋の管理を任せていた若い奴がビデオテープを持ってきた。

「もう嫌だ、もう無理です」

泣きながら自分をこの仕事から外してくれと、額を床に擦り付けて土下座した。

赤ん坊が泣くのだと。

誰もいないはずの部屋の中で、赤ん坊が泣くのだと。

そうして部屋の真ん中で泣き声を上げるたび。

――どぉん。

――どぉん。

水の中から鉄の扉を叩くような重たい音がする、と。

部屋は地下にあって、入り口は梯子《はしご》を下ろさないと出入りができないようになっているにも拘らず、である。

上からもどうにかしろと言われて、和尚はそこで寝泊まりするようになった。赤ん坊だから寂しくて泣くんだろう。そう思ったのだ。人間らしい感覚はなくなっていたのか、そこで起こっている事象に対して何の感情もなかった。

「腹の上でな、丸まって寝よるのよ。男の腹やのにな」

そのうち、部屋から出ても赤ん坊が自分に憑いてきているのに気付いた。

ああ、何とかなったな——。思ったのはその程度だ。地下の部屋は変わらず『処理』するために使い続け、和尚は自宅に戻った。家に連れ込んだ女が死ぬようになったが、赤ん坊のせいだとは思わなかった。

部下が死んだ。自分の下に付くものが、新しく来るたびに次々と。

直接命令していた、兄貴が死んだ。代わりはもういなかった。

叔父貴が来るようになったが、その叔父貴までもが死んだ。

おかしなもので、道を外れた極道者でもそういうものを信じる者はいるようで、お祓いに連れて行かれた。それが京都の祖母の実家であった。

「無理だったでしょう」

「おん。儂自身がもう、呪いだと」

紗和の言葉に老人は淡々と返す。

『生きていたいなら、その呪いを使って人を助けろ』

そう言われて寺に籠もって、数十年掛けてちょうど今年、呪いと善行が相殺される。清隆は死ぬだろう。あれはあれなりに業を背負っている。言って止められるものでもないから、仕方ない。

「じゃけんど、フミさんには世話になったでな」

嬢には言わにゃあならんことがある。

「何でしょう」

「お前さんも——呪われるぞ」

それが、紗和が和尚と交わした最後の言葉だった。


その年の夏、寺の裏にあった井戸の中で、和尚はまるで読経でもするように座禅を組んだ格好で発見された。凍死だった。

恐らくは、憑いていたものを自分諸共一緒に連れて行くしかなかったのだろう。表向きは井戸に落ちたための事故死とされた。

弟子の清隆もまた、翌年寺に依頼された憑き物を祓い切れずに亡くなった。
現在、寺は無人である。

呪《まじな》いの家

紗和が中学三年の頃、和尚の弟子の清隆が亡くなった。連絡をくれたのは、紗和と同じように和尚の許へ通っていた明宏だ。

和尚が亡くなったとき、能力は今一つだがとびきり人が良くて、善意と自己犠牲の塊のような和尚の弟子を、紗和も明宏も気に掛けていた。

自分の能力を超えて我が身に危険の及ぶ依頼であっても、恐らく清隆は断らない。その危うさを二人は危惧していた。

和尚が亡くなって一人になった清隆を、檀家の人々も気に掛けていたようで、折あるごとに寺を訪ねていたらしい。

その日も檀家の一人が寺を訪れたが、清隆の姿が見当たらない。

前の年に和尚が井戸で亡くなったこともあって、心配した檀家の者が警察を呼んで捜索したが見つからない。

　捜索範囲を寺の背後の山にまで広げ、それでも見つからないことにいよいよ事件を疑わざるを得なくなった。今後の打ち合わせのために一度寺へ戻ることとなり、山を下りている途中で清隆は発見された。

　本堂の屋根の上、全身複雑骨折で。既に死亡していた。

　山から下りる過程で見つかったことからも分かる通り、本堂の周辺には遮るものもなければ、寺より高い建物もない。

　どこから本堂の屋根に落ちたのか。空から墜落したとしか思えない状況の中、事故死として処理されたようだ。

「アキ、どう思う？」

「凄く怖いよ。でも、清隆さんが何か伝えたがっていて、頻《しき》りに庫裏《くり》へ来いって言うんだ」

　紗和のところだけでなく、やはり明宏の許にも現れたらしい。今も目の前で清隆が何事かを訴えている。全く気は進まないが、清隆には世話になった手前、無視もできない。どうやら行くしかないようだ。

「でも僕では祓えないよ、どうする？」

「――伝手がない訳じゃないけど」

紗和が「フキばあちゃん」と呼ぶ呪い師の老女が頭を過ぎる。彼女でも祓えるかどうかは怪しい。だがもし無理なら、他を紹介してくれるかもしれない。

「やっぱり一度寺に行くしかないか」


待ち合わせて一緒に寺へ向かった。

駅から一時間に一本の町営バスに乗った。バスに揺られて暫く、本堂の屋根が見えた途端、明宏が嘔吐《えず》いた。

「紗和ちゃん、これは駄目だ」

寺のある山一帯が真っ黒だ。クレヨンで塗り潰したように知覚できない。

明宏の背中を三回叩き、引き摺るようにしてバスを降りた。

「お、げぇぇ」

明宏が吐き出したのは、黒い塊。尚も嘔吐きながら口に指を突っ込み、引き摺り出したのは一メートルはあろうかという長い髪だった。

「もうやだ帰りたい」

明宏は既に半泣きである。

「煩《うるさ》いな、じゃあお前、ここで待ってて」

明宏をバス停のベンチに座らせて、紗和は寺へと足を向けた。

寺の両隣の民家に人気《ひとけ》はなく、いつもなら何かしら作付けされているはずの周辺の畑は畝《うね》すら作られていない。民家の老人が飼っている烏骨鶏《うこっけい》は、飼育小屋の中で全部死んでいた。どう見ても半月は経っているように思えた。

僅かに漂う腐臭に眉を顰《ひそ》めつつ、寺の入り口に建つ石柱まで辿り着く。入り口を入ってすぐ左にある厨に向かいながら、檀家から鍵を借りるのを忘れたのに気付いた。取りに戻ろうか。あまり時間は掛けたくないが、鍵がなければ入れない。逡巡していると、縁側で清隆が手招きしているのが見えた。

招かれるまま、縁側の窓に手を掛ける。鍵は掛かっていなかった。窓を開けた先は、本能が拒絶するような何かが垂れ込めていた。

外からの風が入ったせいか、固定電話の横に置かれたメモ用紙が数枚縁側へ落ちてきた。清隆が頻りにそれを指差している。すぐさまそのメモを掴んで、窓を閉めた。

ただとにかくそれ以上、そこにいたくなかった。

そうしてバス停まで戻る。明宏はへばってベンチに座ったままだった。いつの間にか清隆が傍らに立っている。生前していた仕草そのままに、紗和と明宏の頭を撫でようと手を伸ばし――、朽ち葉が風に吹かれて落ちるかのようにほろほろと崩れて消えた。

「もっと早く来ればよかった」

ごめんねぇ、たぁちゃん先生。

寺に来る前は教師だったという清隆を、明宏はそう呼んで慕った。手で目元を覆いながら、しゃくりあげる明宏を紗和は引っ張り上げて立たせた。一刻も早く寺から離れるために歩き出す。

「待って、紗和ちゃん」

明宏が足を止めた。

「人がいないから、今ここでやっておきたい」

「じゃ、早くして」

すっ、と呼吸を整えて集中する。

「イエェクスキャリバァァア！」

冗談のような話だが、明宏は「エクスカリバー」と叫ばなければ除霊できない。それでもその力は確かなもので、寺のほうから流れてきていた圧力みたいなものが薄らいだ。だが寺を塗り潰す真っ黒なものはそのままだった。

「早く行こ」

幾分マシになった顔色で明宏が紗和の手を引っ張る。早くその場を離れたくて、バス停一つ分歩き、次のバス停でバスに乗った。終点の駅から電車に乗って新幹線も乗り入れる大きな駅に着いたとき、漸く口を開いた。

「たぁちゃん先生、何を伝えたかったんだろう」

「これでしょ」

明宏の前にメモを広げる。日付と時間、名前、そして数字の羅列。

「電話番号――？」

「清隆さんが亡くなるときに関わってた相手だろうね。ここに連絡しろって言いたいんだ」

「……するの？」

「まさか」

おずおずと上目遣いで紗和を見上げる明宏に、紗和は肩を竦《すく》めてみせた。

「私にもアキにも手に負えないよ。フキばあちゃんに頼んでみる」

「そっか」

あからさまに安堵した色をその顔に浮かべて、明宏は帰っていった。

明宏に見せた顔とは裏腹に、この時点で紗和はかなり焦っていた。いつもなら、フキは紗和が手に負えないものに関わる前に、警告してくれるのだ。

もし、フキからも隠れることのできる奴だったなら――。それはつまり、フキにも手に負えないということになる。

大分悩んで、電話を入れた。コール一回で繋がったが、すぐに切られてしまった。

これは相当にヤバい。どうしよう。

狼狽《うろた》え、迷ううちに電話が鳴った。

「フキばあちゃん!?」

「はれぇ、さぁ坊、元気かぇ」

独特のイントネーションで電話の相手が誰だか分かった。伯父の茂だ。

「フキさんがな、さぁ坊にすぐ電話しれって」

電話番号を聞け、と言われたらしい。

「ほんでお前はもう、関わるなって言われとるで。ええな？」

言われるままに電話番号を伝えると、茂もさっさと電話を切ってしまった。メモは台所の流し台で燃やした。

その晩、夢を見た。

紗和は見知らぬ場所にいた。目の前には一戸建ての建物が見える。少しレトロな佇まいの家屋は、平屋建てだがかなり広い。随分古いようだが、煉瓦造りの瀟洒《しょうしゃ》な外観は、建てた当時のモダンな流行りが見て取れた。

だが、その家の中に入りたくない。死に物狂いで抵抗していた。それなのに、家の間取りが分かる。

家自体の形は正方形だ。部屋は四つに仕切られていて、卍型に壁に沿って隙間があり、家の中心には不自然な空洞。夢の中、紗和は必死に何かを叫んでいた。

「――――！」

　自分の叫び声で目が覚めた。バクバクと煩い胸を押さえて、大きく息を吐く。少し考えて伯父の茂に電話する。電話口に出たのは伯母だった。

「伯母さん、シゲ伯父は？」

「はれぇ、何かなぁ、フキ様んとこ行くって出かけたで」

「フキばあちゃんとこ連絡して」

　夢で見たものを思い出す。

「『その家の真ん中にあるものは触っちゃ駄目』って伝えてほしい」

「分かった。茂さんも言うとったけどねぇ、紗和ちゃんはもう、こっちから電話するまで連絡したらあかんで」

　フキは元々集落付きの呪い屋だ。外部からの仕事は受けないいし、呪い屋以外の人間を巻き込むこともしない。にも拘らず、茂に何かを頼んだということは、それが必要だからだ。

　暫《しば》し思案して、明宏に電話した。

「どうしたの、紗和ちゃん。あ、例の件終わった？」

「いいや。ねえ明宏」

言い聞かせるように口を開く。これだけは言っておかなければならない。

「今後、誰がどんな姿で何を言ってきても、絶対に応じたら駄目」

──喩え私が死んだって言われても。

「……嘘」

「本当」

紗和も明宏も、こういうものに「関わらない」ための方法を求めて和尚の許を訪ねた。けれどどこかで予感してもいたのだ。いつかこういうもののせいで命を失うこともあるだろうと。

信じて良いのは自分に憑いている稲荷だけだ。明宏は稲荷を見たことがあるから分かるはず。

「この件が終わっても終わらなくても、暫くは連絡しないから」

「暫くって？」

「年単位で」

「やだ」

電話口で、明宏は既に涙声だ。

「やだよぉ、たぁちゃん先生だけじゃなくて、何で紗和ちゃんまで」

「あんたまで死んだら悔しいから言ってんの、分かれよ」

そう言われて明宏は押し黙った。

こんなことで、こんなところで、こんなことに負けるのか。それはただ、悔しいだけだ。この先も漠然とした不安を抱えて生きていかねばならない。それならば、知り合った同じ境遇の者にはできるだけ長く生きてほしいと願うのは必然だろう。

和尚も、清隆も、きっとフキも思いは同じなはずだ。

どうやら、向こうは紗和を巻き込みたいようだ。なればこそ、フキは紗和に直接連絡してこないのだ。それなら紗和にやれることは一つしかない。

何が起きても、徹底して「関わらない」こと。

幸い、紗和は推薦入学が決まっている。冬休みが明けても、登校日以外で学校へ行く必要がない。

朝は風呂を装って水垢離《みずごり》し、肉や魚を避け、稲荷にお供えをする。そうやって過ごした三日目の朝、その日は登校日だった。

制服に着替えて玄関の外へ。学校へ向かって歩き、近所の神社の前に差しかかる。

五センチくらいの泥だらけの足跡が付いていた。幾つも、幾つも、そこでぐるぐると足踏みをしたみたいな。

学校とも自宅とも反対の方向に歩き出したらしい足跡は、少し行った先で消えていた。

「紗和、ごめん、部室の片付け手伝って」

部活の友人に声を掛けられた。使っていない備品等捨てておかないと、後輩が困るだろうとのこと。気軽に引き受けて、備品置き場になっていた準備室を片付けていたが、一向に片付かない。

「ねえ、もう帰ろ。明日にするわ」

なかなか終わりそうにない作業に、友人が音を上げた。

「え、私、明日来ないよ」

「あー、そっか、紗和は推薦組だっけか」

「まあ、暇だから手伝いに来てやるか」

軽い調子で言い合いながら、帰り支度をして校門を出た。他愛のない話をしながら歩く。結構大きな都市の新幹線が停まる駅の近くだが、路地を入れば市場もあるような下町である。その商店街の入り口に、今朝神社で見たものとそっくり同じ、泥塗れの足跡があった。

「うえっ、子供がやったのかなぁ」

友人が眉を顰める。違う。乳児より小さいこの足跡が、普通の子供の訳がない。

「ごめん、明日、用事あるの思い出した」

「えー？　だったら仕方ないなぁ」

手を振る友人を見送り、遠回りをして自宅へ帰った。それから財布を掴んで、朝に足跡を見た神社の御札を貰ってきた。身を清めてから窓という窓、出入り口に御札を置いた。

そして祖母から教わった御守りを作って、枕元に置く。特に用がなければ、登校日も休んだほうが良いかもしれない。

当時住んでいたのは祖父が建てた家で、この家には木の葉やおはじきの頭をした小さき者達が住んでいた。時折、夜中に台所で酒を飲んでいるところに出くわしたりしていたのだが、この日からぱったり見なくなった。御札のせいか、足跡の主のせいか、どちらなのかは分からない。そうして二日程家から出ずに過ごした。

三日目の夕方、玄関のチャイムが鳴った。ガラス戸越しに見ると宅配業者らしい影が見えた。荷物の受け取りのために扉を開ける。誰もいない。

しまった、やられた。しかし玄関にあった御札のおかげか、中まで入ってはこられないようだ。

「母さん、塩くれ」

その後、父が帰ってくるなりそう言った。

「玄関の外に小さい足跡が一杯ある。あれは良くないもんだ。入ってきたら困る」

祖母の血筋のせいか、紗和の父もまた「視える」のだ。玄関に置かれた御札を見た父は、黙って紗和の頭を撫でた。

「俺も明日、御札を貰ってくる。これよりは多分持つやろ。それまでは祖母さんの御守り持っとけ」

「うん」

父も御札を貰ってくるなら安心だ。

次の日は登校日だった。休むつもりだったが、自宅が見つかってしまったのなら家にいても意味はない。

「行ってきます」

玄関を出て、何げなく振り返ってぎょっとする。

無数の足跡と手形。壁を這い回って窓を覗いたかのように、壁一面泥塗れだ。特に二階の紗和の部屋の窓は、段差に手を掛けた跡や窓硝子にも手形が付いていた。母が激怒しながらホースの水で壁の泥を洗い落としている。

それに背を向けて学校へ向かった。通学路のあちこちにも足跡や手形があった。どれもやはり、小さい。子供のもの、という感じではない。まるで人形だ。酷く作り物めいていて、生気が感じられない。

にも拘らず、滲み出る悪意はねっとりと重い。どう考えても子供や作り物の出せるものではない。「関わらない」を徹底しているから、意図的に覗くことはしていない。興味を持つのは危険だ。なるべく意識しないようにして、学校へ辿り着く。

教室に入った瞬間だった。突如として上がった悲鳴。クラス全員が窓を見ている。釣られて窓に目を向ける。鳩が。

――どんっ。

ぶつかって、落ちる。

——どんっ。どどんっ。

グランドから上がる悲鳴。開いていた窓から突っ込んできた鳩が、勢いのままに反対側の壁にぶつかって落ちた。

騒然とする教室で、箒《ほうき》を取りに行く。鳩がぶつかって落ちたのは紗和の席の真横だ。箒で塵取りへ鳩を載せて教室を出た。

「紗和ちゃん、どこ行くの」

「捨ててくる」

「えっ」

これはこのままにしてはおけない。何より穢《けが》れを受けている。死ぬまで放っておくのも駄目だ。このまま焼却炉へ入れてしまおう。

一階まで下りたところで、見かねた教員が引き取ってくれた。穢れているから焼却したかったが、そうしてくれとも何故かという理由も言い辛い。どう処理するのかだけが少し気になった。

鬱々とした気持ちのまま教室で時間を過ごした後、家路を急ぐ。母が洗い落としたからか、壁に足跡は残っていなかった。

ホッと小さく息を吐きながら家の中に入る。玄関に入って扉を閉めたと同時に、その扉の向こうで人の気配がする。

振り返ることもせずに二階の自室まで駆け上がった。自室へ入るなり窓に置いた御札を確認した。祖母の御守りを置き、カーテンを閉めて更に御守りを作る。

窓硝子を細い棒で擦るような音がした。堪らずベッドで頭から布団を被る。身体が温まってくると少し安心した。

いつの間にか眠ってしまっていたのだろう。稲荷の夢を見た。

夢の中で稲荷は酷く難しい顔をしていた。

「箱に入れられたくなければ、飲め」

そう言って酒か水の入った盃を差し出される。喩え夢ではあっても、異界で出された飲食物を口にするのは憚られた。黄泉戸喫《よもつへぐい》の概念くらいは知っている。況してや、相手は五歳のときから付き纏っている稲荷だ。

ただ、このまま呪いのようなものに、好き勝手されるのも望むところではない。迷いに迷って、結局稲荷に盃の中身をぶちまけた。大層怒った稲荷は、紗和を石棺のようなものに押し込めてしまった。

以降一週間、繰り返し同じ夢を見た。その間もずっと窓の外には何かの気配がある。きっとどこかで耐えられなくなっていたのだろう。

一週間目、とうとう稲荷の差し出す盃の中身を飲んでしまった。酒の匂いはしなかった。かといって水と呼ぶには不思議な、独特な花の蜜のような香りがした。

その晩以来、足跡も窓の外の気配もピタリと止んだ。やり過ごせた。そのときはそう思っていたのだ。

それから一週間後、伯父の茂から連絡があった。フキが亡くなった、という。

――煉瓦造りの正方形の家。真ん中の空間。脳裏にありありと浮かぶその光景。視たままを口に出す。

「――そこにあった人形を外に出した？」

短い肯定の後、話し出した茂によれば、フキはその家に入るなり言い放ったらしい。

「これは駄目だ」

フキの指示で、壁を壊して中にあるものを出そうと試みたが、職人が怪我をしたりしてなかなか作業が進まない。それでも何とか穴を開けたところ、流木でできた人形が出てきた。

ネグリジェ姿の女性を模したそれの、流木独特の風合いは、最初ミイラが出たのかと一同を驚かせた。屋敷の中心にあった五十センチ四方程度しかない空洞の中、人形の足許には無数の獣の骨が積み重なっていた。

人形の足はどうやら足の爪まで再現されていたようで、本物の人間の爪が使われていた。着ていたネグリジェの足の辺りが黒く汚れている。嫌な予感がした。

「阿呆め。赤子まで再現しとる」

フキは忌ま忌ましげにそう吐き捨てた。人形の下半身は布で作られており、膣に当たる部分に鳥の雛が押し込んであった。

紗和が夢で見たように、その空間を中心に卍型に細長く隙間が作られていて、その中も獣の骨が敷き詰めてあった。

「ここは潰せ。人なんぞ住んではならん」

そう言うと、人形を箱に入れた。知人のところへ持っていく、と。

後に紗和が「おっさま」と呼び、氏子からは「オリ様」と呼ばれている、ある神社の神職の老人だ。祓い師としてはフキと同等か、それ以上の力を持つ。そこへ持っていきさえすれば祓える。だから茂に同行してもらったのだと、フキはそう言った。

「これは紗和にちょっかいを掛けとる。オリんとこに持っていけなんだら紗和が被ることになる」

フキは伯父の茂に向き直った。

「シゲさ、あんたなら無事に運べる。やってもらえるか」

ああ、だから茂に連絡をしたのか。やっと得心がいった。では、フキはどうして命を落とすこととなったのか。

「不思議な道中やったんで」

茂は言う。雨が降り、視界が悪くなって、気が付いたら反対車線を走っていた。そんな訳が、あるはずないのに。道は間違う、エンストする、アクセルが利かなくなる。

「それだけやのうて、フロントガラスに鳥が飛び込んでくるんや」

一回や二回じゃない、五分に一回は飛び込んでくるのだ。それでもどうにかおっさまの神社に辿り着いて、フキが人形の入った箱を抱えた瞬間、吐血した。

「シゲさ、これ放り投げて神社の敷地に入れてくれ！」

「おう」

既に鳥居の下にはおっさまが待ち構えている。フキから箱を受け取り、茂は駆け出した。五メートルもない距離だが、恐ろしく足が重い。万が一、ここから放り投げて敷地の中に入らなかったら、これまでの苦労が水の泡だ。

重い枷を付けたように動きの鈍い足を無理矢理引き摺って、一歩一歩前に進む。あまりの重さに己の足へ目を向けると、黒い靄《もや》のようなものが纏わりついている。だがその靄を、小さな宝船に乗った七福神が手にした団扇で扇いでいた。紗和も何度か遭遇したことがある、茂の家を守護している小さき方々だろう。茂は視えるほうではないが、紗和からその存在は聞いていた。その彼らが扇ぐたびに、靄が少しずつ薄れていく。

幾分か軽くなった足で、鳥居の真下まで来て、手を伸ばす禿頭の神官に箱をしっかり手渡した。

「ようやった、ええ、ええ。これは儂が引き受けた。早うフキさんを、救急車呼んでくれ」

救急車を呼んで、それに乗り込むまではフキの意識もあった。

「フキさん、しっかりせえ」

「ええ。あの子が来たときに分かっとったんや。儂が勝てん相手を連れてくると。それでも」

あの子は御山から出られん儂にとって、孫も同然やった。悔いなど何も残らん。

「頼んだぞ、シゲさ」

ぎゅっと手を握られた。その後すぐ、スーツの男がやってきた。

「後のことはこちらで」

茂はそう言われて、帰されたそうだ。

フキは気難しくて厳しかった。滅多に笑うことはなかったが、頭を撫でてくれる手は温かかった。

祖母、和尚、清隆、フキ。これから本当にもう、二度と誰にも頼れない。

その日は込み上げる切なさと心細さに泣きながら眠りに就いた。

用心のため、明宏にも連絡を取らずに半年程経った頃。電話が鳴った。表示されたのは見慣れた番号、フキのものだ。フキの世話をしていた人からだろうか。首を傾げながら受話器を取った。

「紗和、お前、稲荷から出された水を飲んだな！」

唖然とした。声が違う。だがそれは確かに、フキの口調そのものだった。呆気に取られたまま、戸惑いながらしどろもどろに返事をする。

「だって、飲まないと箱に入れるって」

「阿呆め！　勝てんものに行き合うたびに、お前は稲荷と取り引きするつもりか！」

言うだけ言って電話は切れた。混乱した。今のは何だ。どこから掛かってきた？

フキばあちゃんは、死んだんじゃないのか。

更に半年が経って、茂の家に行ったとき、フキの家に連れて行かれた。

「フキさん、来たで」

「おう、シゲさ」

出てきたのはフキとは全く別人だ。だが、フキそっくりの仕草で、フキと同じ表情で目を細めて紗和の頭を撫でた。

「気にせんでええ」

何故気付かなかったのか。前からフキは一人ではなかった。今目の前にいる女性の中に、確かに己の知るフキがいる。いや、それだけではなく。

初めからこの人達は、ずっといたのだ。一人の人間の中に、数え切れない程のたくさんの女性達が。そうして、器を替えて、何代も何代も重ねてきたのか。
それがどんな呪いによるものなのか、紗和には分からない。
人というものは、何と業が深いものなのか。ただ漠然と、そう思った。

箱——次は

紗和はこれまでの人生において、箱に関わる体験を幾つかしている。

一番最初は紛うことなく幼少時の「稲荷」との出会いに纏わるものだろう。結果的にそれは紗和を守護するものとはなっているが、これはたまたま運が良かったからというだけに過ぎない。故に、人智の及ばないものとの関わりは安易にすべきではないと思っている。

良きにしろ悪しきにしろ、どちらに転ぶかはそのときになってみないと分からない。

そして紗和はその「どちらも」身を以て知っている。


高校のとき、友人の真衣に誘われて家に遊びにいったことがある。

真衣は普通科で、商業科の紗和とは学科が違ったために部活以外の接点がなかった。それでも何かと気が合って、部活の帰りに彼女の家に本を借りに行くことになったのだ。

ただ、真衣はあまり家に人を招くことはないようで、誘われたのが少し意外ではあった。

真衣の父は不動産で財を成した人物で、高級住宅街に居を構えていた。明治に建てられたというモダンで豪壮な佇まいの家屋は、洋風と和風が混在していて一種独特の雰囲気を醸し出していた。

「お邪魔します」

そう声を掛けながら玄関から靴を脱いで上がる。入り口に近い廊下を真衣の後を付いて歩いて、途中にあるキッチンに目が向いた。

冷蔵庫とシンクの間に女が立っている。

全身真っ黒な女の足許には、小瓶に入った酒と榊が置かれていた。透明な瓶の中身は赤銅色に濁っている。

切実に帰りたい。そう思った。だが来たばかりであるし、招いてくれた真衣の手前、お化けがいるから帰るとも言い辛い。少し複雑な心持ちで二階への階段を上り、真衣の部屋まで行ったときだ。

「きた」

聞こえた声に顔を上げる。

「きたきたきたきた」

真衣の母親と思しき婦人に、実に楽しそうに指を差された。

「ごめんね」

バツが悪そうに真衣が目を逸らす。彼女の母は少し前に心を患ったらしい。

真衣には弟がいるが、母親が目に見えておかしい言動を取るようになったのが相当ショックだったようで、現在は祖父母の家に預けられているとのこと。

ああ、だから家に人を呼ばないようにしていたのか。

紗和と彼女は学科が違う。それ故に本来同じ学科内なら耳に入ってくるような、そういった興味本位の噂話も紗和は知らなかった。

だからこそ、家に呼んだのだろう。彼女自身も誰かに吐き出したかったのかもしれない。ぽつぽつと語る真衣の話を聞きながら、そこに考えが至ってしまうと余計に帰

ると は言い出せなかった。

「あ、そうだ、紗和ちゃん紅茶好きよね」

良いことを思い付いたと言わんばかりに手を打って、真衣は立ち上がった。

「この前、変わった紅茶をお父さんが貰ってきたのよ。淹《い》れてきてあげる」

そう言って部屋を出ていく。それを見計らっていたように真衣の母親が部屋の扉を開けた。子供のような仕草で、紗和を手招きする。

患っているとはいえ、相手は真衣の親であり、こちらは招かれて家にお邪魔している身だ。困惑しつつも逆らい切れずに廊下に出た。

真衣の部屋の向かいには、間口の広い部屋があって重厚な木の扉が嵌まっている。真衣の母は紗和の手を引き、徐《おもむろ》にそこを開けた。重く分厚い引き戸の中は窓の一つもなく、奥が全く見えない程に暗い。入り口に廊下から差し込む光で、辛うじて剥き出しの床板が見えている程度だ。

ぐいっと腕を掴まれ、中へと引っ張られる。その拍子に部屋の奥へと目が向いた。どうやら部屋の暗さのせいだけではなく、何か大きな黒いものが置いてあるのではないか。

洋服ダンスを横に倒したくらいの大きさの、箱のようなもの。

光の差さない黒、でもなく、プラスチックでもない、ぬめっと濡れたような少し光沢のある漆塗りのそれは、無機物ではない息を潜めているような何か、を感じさせた。

真衣の母親は尚も紗和の腕を引っ張る。奥の箱の許へ連れて行こうとしているように思えた。仮にも友人の母親である。邪険にする訳にもいかない。

かといって、このままで良いとも思えず、声を上げようとしたとき急に腕を放された。勢いでつんのめって冷たい床に両手と膝を突く。振り返った先に見えた背中は部屋を出ようとしている。

引き戸に手を掛けて振り向いた顔は、笑っていた。人間の口はあんなに持ち上がるのかと思う程に口角を上げて。

「次はあなた」

そう言って両手で引き戸を閉めた。光源のない部屋の中は真っ暗になった。立ち上がり、開けようと扉に飛びついたがびくともしない。

「開けて！」

戸の僅かな隙間に爪を掛けて必死に力を込めるが微動だにしない。向こうの廊下は明るかったはずだ。なのに、引き戸の隙間からも灯りが漏れてくることはない。どこかに取っ手はないか、扉を探り、その表面を撫で回す。

どうしてもこの部屋の奥が怖い。怖くて仕方がない。早く、早く、ここを出なければ。そうだ、真衣が二階へ上がってくれば気が付いてくれるはずだ。紗和は扉に取り縋り、外に向けて声を張り上げた。

「開けて！　開けて！　真衣、開けて！」

後ろで何かが動いた。

「あけてーあけてーまいーあけてー」

抑揚のない、女の声がした。

どこか遠くか、床下か。何かが紗和の言葉を真似ている。

意味など理解していないような、ただその音だけを真似ている。

「いやああああああ！」

言いようのない恐怖に悲鳴を上げた。

「開けてぇぇぇ！　真衣ぃ、開けてぇぇぇ！」

部屋の奥から何かが紗和の声を真似ながら近付いてくる。

「あけてーあけてーいやーあけてー」

——ずるる。

引き摺る音。

「やだっ！」

——とさん。

何かが床板へ着地した。

「いやあっ！　真衣！　真衣ぃ！」

すう、と空気が動く。気配が、下から、上へ。立ち上がった？

「いやーあけてーまいーあけてー」

——すー、とん。

——すー、とん。

無機質な声真似。引き摺る足音。

「助けて！　真衣！　おばさん！　開けて！」

他人の家だということも忘れ、拳で思い切り扉を叩いた。

「ここから出してえええええええええ！」

その瞬間。

――とたたたた。

早い足音が聞こえた。

「出して？」

誰かの吐息で髪が揺れた。今までの鸚鵡《おうむ》返しの声真似ではない、はっきりと、感情が乗った声。

上げたはずの悲鳴は喉の奥で引き攣《つ》り、ひゃー、という空気が抜けるような音にしかならなかった。

――ダンッ！

引き戸に置いた右手の横、勢いよく突いた、誰かの手。背中に押し当てられた厚みのある布の感触は、着物が普段着の祖母が後ろから抱き着いてきたときのものに似ている。恐らくは着物を着た、女性。

「出してええええええええ！　出してえええええええええええええ！」

耳元で、鼓膜が震えるほどの絶叫。

「出せえええええええええええええ！　出せ、出せええええええええええええええ！」

己の手の横を、激しく叩く振動が伝わる。もうそこに緊張も恐怖も浮かばない。

「あっ、あっ、あっ、うわあああああああああ」

叫びながら引き戸の合わせ目を掻き毟《むし》る。只々外に出たかった。隙間を探す。爪を引っかけて思い切り力を入れた。爪が剥がれるかと思った刹那。

「紗和ちゃん？」

真衣の手によって呆気なく戸は開いた。真衣の顔と廊下の明るさにへたり込む。それでも力が抜けて言うことを聞かない足の代わりに、腕を動かして這うように部屋を抜け出した。後ろを見ることはできなかった。

「大丈夫？」

こちらを気遣う声に顔を上げる。心配げな真衣の後ろで真衣の母が笑っているのが見えた。

「次が決まったぁ、次が決まったぁ」

子供みたいにけらけらと声を上げて楽しそうに、笑っていた。

真衣の部屋に置きっ放しにしていた鞄を掴み、紗和は階段を駆け下りた。ぼろぼろと溢れ落ちる涙で視界が滲んだ。

玄関までの廊下の途中、垂壁の向こうにあるキッチンにいた真っ黒な女を思い出したが、それよりも二階のあの部屋にいたモノが追いかけてくる気がして、ただまっすぐに玄関へ走った。

一刻も早く「あれ」から離れなくては。

地下鉄の駅で電車に乗ってから、今の時間は家に誰もいないことを思い出した。とにかく一人にはなりたくない。賑やかな場所で震えながら時間を潰した。どうしても暗闇が怖い。明るく人の多い道を選んで帰った。

真っ暗なあの部屋で、紗和の後ろにいた何かの気配がずっと纏わりついている。灯りを点けっ放しにして一晩過ごした。

家にいるよりは学校のほうが人が多いから、翌日は朝早くから学校に向かった。午後になって漸く、少し余裕が出たのだろう。昨日のことをどうやって真衣に説明しようかと考えた。

放課後、部活に行ったが、真衣はいなかった。

同じ学科の生徒の話から推察するに、どうやら学校を休んでいるらしい。

それからもずっと、真衣は学校に姿を見せなかった。

紗和はあの日から眠れない日々を過ごしていた。

部屋が暗くなるのが怖くて、灯りを消すことができなかった。眠りが浅くてすぐ目が覚める。ウトウトしては起きるということを繰り返した。その途切れ途切れの眠りの中で、難しい顔をして近付いてきた「稲荷」に箱の中に入れられる、そういう夢を見た。箱は白い石でできていて、その箱の周りを稲荷は一種独特の歩き方をしたり、何かを撒いたり、和紙でできた紐のようなもので囲ったりした。

「出てはならん」

最後に言い聞かせるようにそう言って、蓋をされる。

その夢を見た後、纏わりついていたあの気配を感じることがなくなった。

眠れるようになると、途端に真衣のことが気になった。あの日からずっと真衣は学校に来ていない。

部活の、真衣と同じ学科の生徒に声を掛けた。

「真衣、風邪でも引いた？」

「え、紗和ちゃん知らないの？」

——真衣んち、お母さん亡くなって大変みたいよ。

「……いつ？」

「一昨日。多分、暫く学校には来ないと思うよ」

紗和が稲荷に白い箱に入れられ、蓋をされた夢を見た日だ。

「救急車と警察が来てて大騒ぎだったんだって」

祖父の家が真衣の自宅の側だというその生徒は、紗和の耳元まで顔を近付け、内緒話をするように声を潜めた。

「何かさ、変な亡くなり方してたらしいよ」

――箱の中で、自分で自分のお腹を引き裂いちゃってたって。

箱。思い出されたのは、あの部屋にあった黒い漆のもの。胸に湧き上がった想像を頭を振って追い出す。結局、真衣はそのまま学校に来なかった。

休学するのか、退学するのか。部員達がそんな心配をし始めた頃、部活顧問の教師から真衣が亡くなったとの知らせを受けた。顧問から葬儀に出席するかどうかを訊かれたが、あの家には二度と行きたくなかった。

「真衣、何で亡くなったんですか」

「自殺、らしい。お袋さんが亡くなったばかりだったからな」

――箱の中で？

何か言い辛そうな顧問の雰囲気と含みのある言葉に、そんな言葉が浮かんだが口にはできなかった。

次は――私だ。

迫り上がる不安と恐怖と絶望。涙が後から後から溢れて落ちる。部員達が貰い泣きしている。友人を亡くしたのは悲しい、でも、そうじゃない。その純粋さだけで泣けるのならばどれほど良かっただろう。

泣きじゃくる紗和に顧問はそれ以上何も言うことなく、部室を出ていった。

あの部屋で見た「何か」の気配はなくなった。けれど、終わったという気がしない。

重い気持ちを抱えたまま帰宅して、玄関に入った途端電話が鳴った。

「お前、何と関わった！」

電話を取るなり、厳しい口調で詰問された。「稲荷」に隠された折に世話になった、伯父が住む集落の呪い師の老女だ。

あれから気に掛けてくれてはいたようだが、伯父とたまに挨拶に行く程度で、電話が掛かってくることは珍しい。

しどろもどろに経緯を話し始めて間もなく、あの気配がした。

「もうええ。こっちに来た」

そう言って電話は切れた。

あのときほど濃厚ではないが、あの部屋のあの気配が息を潜めている。

再び電話が鳴った。先程とは着信音が違う。不思議に思いながら受話器を取る。

「家から出るな」

稲荷の声だった。紗和は自分の部屋に籠もった。頭から布団を被って震えながら一晩を過ごした。

翌朝、呪い屋の老女から電話があった。

「逃げられた」

あれは本来特定の家と血に憑く、と老女は言う。祓うものではなく祀るべきものだと。だからかなり賢いし、どうやって生まれてどうやって祀られていたかが分からないと祀ることもできない。

捕まえられたら祓えなくもない。だが捕まらない。

「稲荷に頼んだ。手か足かくれてやれ。命を持っていかれるよりはマシだ」

「そんな！」

こちらが何かを言う前に電話は切れた。老女はいつもできるかできないかをはっきり断言する。彼女がそう言うならそうなんだろう。

寝不足続きな上、その日もまともに眠れなかったせいか、喉が嗄《か》れて発熱した。学校は休んだ。

昼間であったことと、呪い師の老女が対処をしてくれているという安心感でぐっすり寝入ってしまった。

夢を見た。

夢の中で紗和は歌っていた。

昔から声はよく褒められた。歌はお世辞にもうまいとは言えない、有り体に言えば音痴という奴だが、夢の中では自分とは思えぬ程とてもうまく歌っていた。

座った紗和の膝を枕に、稲荷が大変上機嫌で紗和の歌を聞いている。そうだ、機嫌の良いうちに対価を差し出して頼み事をしてしまおう。

「何が欲しい？」

「声」

「それだけでいいの?」

「では、もう一つ」

拳を口に当て、コホン、と一つ咳をして顔を逸らす。

ちちまき。

何だそれ。ちちまき? 粽《ちまき》? 端午の節句に食べる奴か?

一体何のことか分からずに訊ねようとすると、遮るように稲荷が言った。

「あれと関わるものと関わるな。でなければ――」

続きは何と言っていたのか分からない。

あの部屋にいたモノか、稲荷か。どちらかに連れて行かれるしかないのだというのだけは、何となく分かった。そして、どちらがマシかといえば、稲荷なのだろう、とも。

後日、「稲荷と下着の取り合いをする」という夢を見た後、買ったばかりの下着が何もしていないのに修復不可能な程劣化してぼろぼろになるという事態が発生した。稲荷の求めた対価の「ちちまき」が何であるか、理解した瞬間である。

先日、二十年振りに高校の頃の友人と電話で話す機会があった。そこで真衣の家族のその後を聞いた。

弟は結婚したようだ。子供も生まれたが、その子が目の病気を患って大変らしい。

真衣の父は真衣が亡くなって一年も経たぬうちに亡くなっていた。友人にそれを聞くそのときまで、紗和は真衣の父は病死したものだと思い込んでいた。誰かがそう言っていた、そんな覚えがあったから。

酷く言い渋った様子で友人は口を開いた。

「自分ちのゴミ箱の中で死んでたらしいよ」

尻から「く」の字に身体を折り曲げて、ゴミ箱に入らない自分の足と首を切って。

何故かゴミ箱の中に収まりきろうとしたようで、傷だらけだった、と。

真衣が住んでいた家は暫く売りに出されていたが、その後更地になって、未だに空き地のままだという。

後日また、この友人から電話があった。真衣の弟が紗和に会いたがっているらしい。

「何か、真衣の形見の箱を渡したいんだって」

一気に血の気が引いた。どうにか断って、そのまま新型コロナの流行でうやむやになったので、真衣の弟がどうなったかは分からない。

あれから幾つか箱に纏わる体験をした。そのたびにあの気配を感じている。恐らく「あれ」はまだこちらを見ている。注目を引けばまた来てしまうだろう。

どうにもあれ以来、紗和は箱に纏わる話が、怖くて仕方がない。

金属片

紗和が高校三年生の頃、半年間だけ利用した路線がある。

何てことはない田舎の単線電車だ。卒業後は専門学校への進学が決まっていたから、残り少ない出校日を消化する日々でのことである。

その日は雪を警戒して早めの電車で帰路に就いた。当時通っていた高校は県を跨《また》いだ先の比較的大きな都市にあり、かなり田舎である自宅までは幾つか電車を乗り継がなければならなかったからだ。

時刻は夕方五時頃であったと思う。

いつもは通勤通学で利用する客が多少なりといるのだが、この日は何故か全然見当たらなかった。誰もいないのをいいことに、一人広々ゆったり座面に座っていたとき。

――コツッ。

「痛っ」

何かが額を直撃した。当たった場所を手で押さえながら辺りを見回す。隣の座席に小さな金属片。四角い金属の角を無理矢理捩じ切ったような、一センチにも満たない銀色で三角形の金属は、つや消しの加工がされた光沢のないものだ。

これはどこから落ちてきたのだろう。

ロングシートの上の網棚は目が粗く、そこにこれが載っていたとは思えないし、見渡す限りどこかの部品というのでもなさそうだ。

その場に捨てる訳にもいかず、大して気にもせずにペンケースに仕舞ってそのまま忘れていた。

それから一週間後のこと。

制服の襟首にチクリとした痛みを感じて手をやると、指先に硬いものが当たった。金属片だ。今回は落ちてきた訳ではなかった。

それからというもの、その電車に乗るたびに金属片は現れた。

靴の中、靴下の中、果てはブラジャーの中から。その断面も加工したように滑らかなものから、ペンチで無理矢理引き千切ったような歪んだものまで様々だ。

何《いず》れも「一センチ以下で光沢のない、ステンレス様の金属片」以外の共通点はない。

気にせずに処分すれば良かったのだろうが、何となく捨てられず、チョコレートの空き箱に入れた。そして気付けば二十を数える程になっていた。

そんなある日、出校日でないのを良いことに、紗和はふらりと自転車で家を出た。

家から少し遠い大型商業施設へ行き、駐輪場に自転車を駐めて買い物をする。

硝子越しに店を覗きながら、そろそろ帰ろうかと思った頃だった。

前方から——何か来る。

咄嗟に視線を逸らしてショーウィンドウに張り付いた。頭の中に警告音が鳴り響く。

あれは、見てはいけないものだ。

視線を外す前に目の端で捉えたそれは、黒い靄を纏った何もかも真っ黒の、辛うじて人の輪郭が靄の中で蠢《うごめ》いてる、そんなモノだった。

『お前』

己のすぐ隣、耳元でぼそりと声がした。反応してはいけない。何も聞こえていないし気付いてもいないふうを装って、目まぐるしく思考を巡らす。店の中に逃げようか。いや、却って逃げ場がなくなる。

無意識に鞄の中に手を突っ込んで掻き回す。手に当たったのはあの金属片を入れていた箱。あれは机の上に置きっ放しにしていたはずだ、何でここに?

混乱しながら、それでも何故かそうするのが当然かのように手は箱を開けて、中身を黒い靄に向かってぶちまけた。

——うあああああっ。

低い呻き声とともに視界の端から黒い靄が掻き消えた。アレが周りの人に見えていたかは疑問だが、端から見たらゴミを突然ばら撒いた変な高校生である。

すぐに視線を転じて確認したが、人工大理石の床の上にばら撒かれたはずの金属片は一つも見つからなかった。

あの金属片がどこから来て、どこへ消えたのか、結局は謎のままである。

ウカヌイ

紗和がまだ、専門学校に通っていた頃だ。

当時嵌まっていた趣味を通じて、別の学科の生徒と仲良くなった。自分より年上の彼女は成人していて、運転免許を取得していたので、車に乗せてもらって一緒に遠出したりもした。

仰木というその彼女は結構面倒見も良くて、その日も寮の紗和の部屋に夕飯のおかずを持ってきてくれていた。礼を言って、少し他愛のない話をした後、唐突に彼女が手相を見てくれると言い出した。興味がない訳でもなかったので、素直に掌を広げてみせた。

「私ね、母方の祖母が代々占いっていうか、お呪《まじな》いをしてるんだ」

紗和の手を取りながら、本当に軽い調子で彼女は話す。だから、不意を食らったのかもしれない。

「それでね、私もちょっと敏感なんだけど」

あなた、何か良くないものに付き纏われているでしょ――。

言葉に詰まった。頭に浮かんだのは高校のときに友人宅で遭遇した「箱」だ。

返す言葉をなくして黙り込む。沈黙は肯定だ。彼女は尚も言葉を続ける。

「祖母にはウカヌイが憑いていて、力を貸してくれるんだって。でもね」

彼女は紗和の手を握ったままだ。

「それは良くないウカヌイだから、強いウカヌイに会うと消えてしまうんだって」

ウカヌイが何を指しているのかは知らないが、彼女の家に「いる」ものではあるらしい。言葉からして代々受け継いでいるのだろう。そして祖母に憑いていたそれが、今は彼女に憑いている、という。そのことに酷く怯えている、そう見えた。どうやら彼女はそれを継ぎたくないようだ。

何となく怖くなって、紗和は手を引っ込めるタイミングを探った。

「ねえ、紗和ちゃんに憑いているもの、落としたくない?」

思いがけない言葉に暫し思考が止まる。今、何と?

「絶対に落とせるって約束はできないけど」

そう前置きした上で、彼女は先を続けた。

「紗和ちゃんに憑いてるものが強かったら、私が引き受ける。でも紗和ちゃんに憑いてるものが弱かったら、私に憑いてるものが勝つ」

損はないでしょ？　と。

言われてみればその通りだ。紗和に損はない。だが「あれ」は今、常にこちらへ気を向けている訳ではない。それを怒らせてしまうのではないか。寝た子を起こす、ということになりはしないだろうか。

「大丈夫」

紗和の迷いを見て取って、彼女は更に言葉に力を込める。

「母の実家に戻れば、ウカヌイ様を封じられるから。じゃなきゃこんな話、しないよ？」

良くないものであるのに拘らず、占いや呪いに力を貸しているのならば、確かに何らかの方法で封じているはずだ。

――それなら、試しても良いのでは？

浮かんだ考えに逆らうことなく頷いた。途端、彼女は紗和の親指の第一関節付近を、人差し指と親指で千切れそうな程強く掴んだ。

「かなかなかなかなかりかなれかりから」

そんな感じの呪文のようなものを呟き、ギューっと親指を握り潰さんばかりの力を加えてくる。指の色がどす黒く変わっていく。本当に千切れるのではないかと思った。痛みを通り越して冷たくなり、触られている感触さえ消えた。それなのに、何か冷たいものを無理矢理に頭の天辺まで通されている感覚がする。

どのくらいそうしていたのだろう。五分くらいだったかもしれない。三十分にも、一分のようにも思えた。

手を離し、ふうーっと長い息を吐いて彼女は立ち上がる。その日のうちに母方の実家へ行く、と言い残して、もう用はないとばかりにさっさと出ていった。山口だか九州だか、そちらのほうだったと記憶している。

だが、結局彼女は戻ってこなかった。

阪神淡路大震災。

車で大阪方面へ向かったその日、震災に巻き込まれて亡くなった。

偶然だったのか、そうではなかったのか、どちらかがそう仕向けたのか、違うのか、紗和には分からない。ただ、この話をすると、感じるのだ。
「あれ」がこちらへ意識を向けるのを。

うがみさま

紗和が成人して引っ越したのは、中部地方のある都市だ。

何をどう気に入られたのか、当時の職場の先輩に家へ呼ばれた。同じ職場ではあるが、接点も多くはないしそれほど親しい訳でもない。何度も誘われるたびにやんわり断りを入れていた。

先輩の家のある地域は少し特殊で、そこに住めるのは先輩の家の一族だけであり、その周辺地域もまたその親族だけが居住しているらしい。

「あの子と関わったらあかん」

その地域にずっと住んでいるという人に、そう言われたのもある。

そんなこともあって、誘われるたびに尤もらしい理由を付けて断っていたのだが、何事にも限度というものはある。これ以上は失礼だろうし、一度行っておけば義理は立つからと、今回だけ誘いに応じることにした。

大層立派な純日本風家屋の一室で、先輩に見せられたのは古びた大きな長持だ。錆びて塗装の剥がれた金属へ、何度もペンキを重ねたようにデコボコしている。この中に人が閉じ込められている、そんなイメージが強く浮かんだ。これには近寄りたくない。

「これはうがみさまの箱」

代々選ばれた女性がその中に入るのだ、と。口頭で聞いただけだから、もしかしたら「ぬがみさま」か「んがみさま」だったかもしれない。

「私も入るし、あなたもそういう家系ね」

そう言われたが、何のことか意味が分からなかったから、「知りません」と言って早々にお暇した。ただ早く箱から離れたかった。

それから間もなく先輩は辞めてしまったが、後日聞いた話によると、職場の既婚男性と交際していたらしい。その人との子供だと言って、野犬のような生き物を箱の中で飼っていた、と。

先輩の一族は女系だったのか、先輩の父親は外部からの婿養子であったようだ。それで家のものには言い辛かったのか、「気になることがある」と知人を家に呼んだ。

曰く、「箱の中から赤ん坊の泣き声がする」と。

知人立ち会いの下で箱を開けたところ、中で野犬らしき生き物が死んでいた。

「でもおかしいんだよ。箱を開ける直前まで、赤ん坊みたいな声で鳴いてたんだから」

——あれは、犬みたいだけど犬じゃなかった。

知人はそう話していたらしい。

紗和が招かれてその箱を見たときは、知人が家に呼ばれる前であったので、既に野犬のような生き物をそこで育てていたはずなのだが、紗和には生き物の気配は全く感じられなかった。

先輩が職場を辞めてからは、それっきり会うこともなかった。

ただ、山を背後にした道の突き当たりの、奥まった場所にあった先輩の家は、いつ見ても暗く日が当たらない印象があった。

——彼女は箱の中に入ったのかなぁ。

時折通りがかるたびにそんなことが浮かんできて、見ないように顔を背けた。

代償

呪い師の老女、フキの住居は深い山の中にある。車で入れる道ではあるものの、知ったものでなければ迷うくらいには相当に奥深い場所だ。そして特別な理由がない限り、山から下りることはない。

そのため、普段身の回りの世話をする信者のような者がいるが、日が沈む前には必ず山を下りる。

「中《あ》てられる奴は惑わされるからの」

フキの住む屋敷自体は大変清浄なのだが、屋敷の奥になる背後の山からは常に何かの気配があった。それに「中てられる」のだろう。

フキは本来「集落」の呪いを行う存在であり、外部の依頼は受け付けない。紹介されてどうしても全く縁のない者の祓いをしなければならないときだけ、報酬を受け取っていたようである。

集落に住む伯父の縁者である紗和は、「身内」の認識であるようで、紗和が自身のことで世話になったときは報酬を受け取らない。代わりに「頼まれ事」を引き受けることになっていた。そのため運転免許を取得してからは、度々「お使い」を頼まれた。

紗和がその老人と初めて会ったのは、二十代前半の頃だ。

老人はある地方の山の中にある神社の神職で、「オリ様」と呼ばれていた。

その神社は、フキの住む場所に負けず劣らずの山の中だったが、不思議と訪れる人は多かった。時折、若者が拝殿で寛いでいるのを見かけた。

立派な拝殿は普請したばかりなのかまだ新しく、境内も掃除が行き届いているのに、社務所にはあまり気を使われていないらしく、少し傾いでボロい印象を受けた。

老人の目が見えないことに紗和が気付いたのは大分経ってからだ。物腰や動作は健常者と遜色なく、そうと知るまで全く分からなかった。人の警戒心を解すような笑顔は、ただ人の良い老人にしか見えない。

老人は呪い師のフキとは古い知り合いのようで、老女の使う道具のお清めをしていた。本来の意味とは違うかもしれないが、こちらではそれを「精入《しょうい》れ」と言っていた。

「こんにちは。おっさま、おられますか」

紗和の知る限り、祓い屋は自らの本名は名乗らない。名乗るのは大体屋号みたいなもので、何度も繰り返し口にすることはない。

間違えられたとしても気にせず、そのままである。わざわざ訂正はしない。寧《むし》ろ名前をはっきり知られるのを避けている節さえ見受けられた。

故に紗和は老人を「おっさま」と呼んだ。地元の方言で「お坊さん」の意味だ。それはもう見事な禿頭で、着ているものは僧衣ではなく白衣《はくえ》に差袴だが、教科書で見た琵琶《びわ》法師を彷彿《ほうふつ》とさせた。

「おお、紗和ちゃん、できとるよぉ。上がっておいでぇ」

おっさまはにこやかに笑って社務所の玄関口に姿を現した。毎回のことだが、名乗らずとも誰が訪ねてくるのか予め分かっている様子だ。

おっさまの精入れした道具は、一度本堂で一緒にお祈りをしてから受け取るようになっている。この日もいつも通り、口と手を漱《すす》ぎ、榊で全身を軽く叩いて本堂へ上がった。

酒と米を捧げて、おっさまの隣で手を合わせようとした、その刹那。

――どどどどどど、どぉん！

山の天辺から「何か」が拝殿へ「落ちて」きた。拝殿の中がみっちり「何か」で詰まっている。そんな感覚に襲われた。

「あー、フキさんに聞いておったけども、お前さん本当に好かれとるのぉ」

おっさまが一本前歯の抜けた口を大きく開けて笑い出した。

「あんた、うちの神様に好かれたから、もう一つ酒を注いでやってくれんかね。社務所の台所にある酒、適当に持ってきてええから」

そう笑いながら促されて社務所へ戻る。こうなることが分かっていたとでもいうように、ダイニングテーブルの上には瓶子《へいし》が置かれていた。供物だろうか、様々な日本酒があったので、その中から適当に選んで封を切った。

酒を入れた瓶子を持って拝殿へ戻る。おっさまは足を崩して手招きした。

「神棚に置いたらこっちおいで。戴いたお菓子食べていき。どうせ今日はもう、フキさんとこに泊まるだけじゃろ」

「はい、今から自宅まで帰るのはもう億劫なので」

「うんうん。じゃあちょこっと爺に付き合うてくれ」

「じゃあ、お茶を淹れますね」

「おう、悪いなぁ」

　拝殿の隅の卓袱台まで行って、そこに置かれているポットや茶器で茶を淹れた。

　ここの拝殿は開放されていて、おっさまが招けば誰でも入れる。いつだったか、十代の女の子がお茶を飲んで寛いでいたこともあるくらいだ。

　勧められるままに塩大福を手に取った。一口頬張れば口の中に上品な甘さが広がって、自然と機嫌が上向きになる。口に残る程良い甘みを熱めの緑茶でゆっくり飲み下して、ほうっと息を吐く。これは少しお高めの菓子だ。ちょっと得した気分になる。

「紗和ちゃん、あんたこっちの仕事する気ないんね？」

「受けた呪いがあるのでやめておけと、フキばあちゃんが」

「ほうかぁ、それがええ。それでええ」

　見えない目を伏せて、手にした湯呑みの縁を指でなぞりながら、おっさまが息を吐く。

「おっちゃんなぁ、若い頃ホンマに阿呆でな。やってええことと悪いことの区別がつかん馬鹿野郎やったんじゃ」

「おっさまは立派な方です」

「あんがとうなぁ」

大分型破りなこの人を頼る者は、恐らく紗和が考えていたよりも遥かに多い。そうでなければ、フキがわざわざこの老人の許へ紗和を使いに出す訳がないのだ。

「でもなぁ、許されんことをした報いやで、何も立派なことあらへんのやぁ」


十代の頃から怖いもの知らずだった、という。特に心霊関係に関しては全く信じておらず、周囲にも「そんなもんある訳なかろうが」とそう言っていた。だから一人で心霊スポットへ突撃しては、「何もなかった」ことを鼻で笑い、友人達に武勇伝を語ってみせた。

それはほんの思い付きだった。

試してみたくなったのだ。「自分が怪談の発生源になれるかどうか」を。

地元に「河屋敷」と呼ばれる空き家があった。息子が就職で都心部に出た後、一人残っていた年老いた母親が亡くなった、という単によくある話だ。母親が亡くなったのも入院していた病院だし、家自体には何の謂《い》われもない。実験にはうってつけだろう。

空き家の近くにさも意味ありげな祭壇を作る。そこに如何にもな動物の骨を拾ってきてばら撒いた。

「河屋敷の近くに、いつの間にか変な石の祭壇みたいなのできてるの、知ってるか？」

後は友人達にそう話をするだけ。

学生の噂話、特に怪談の広がる速度は凄まじい。あっという間に偽物の心霊スポットのできあがりだ。

暫くして幾人かがそこへ行ったという話が出始めた頃、仕上げに祭壇を崩し、血に見立てたトマトジュースを撒き散らした。祭壇の傍の空き家の壁にそれらしく出鱈目な紋様を書き込み、枕の中の羽毛をぶち撒けた。そしてこっそり隠れて様子を窺った。

「うおっ！　何だこれ！」

ちょうど見知った顔が肝試しに来た。

「やべぇ、やべぇって。呪われたらどうしよう」

「怖ぇよ、帰ろうぜ」

普段は意気がって虚勢を張っている知人が震え慄《おのの》く様子を見て、腹を抱えて笑い、大満足で帰宅した。

やっぱり心霊現象などありはしない。そう確信して布団の上に寝転がった。

夜中、大きく上下に揺さぶられる感覚で目が覚めた。地震だ。慌てて部屋の外へ飛び出す。廊下はシンと静まり返っていた。家族の誰も起きてこない。

弟の部屋を覗く。何事もなかったように寝ている。取りあえず弟を叩き起こした。

「今、凄ぇ地震があっただろ」

「知らない」

起こされた弟は酷く眠そうだ。

「寝惚けてたんじゃないの。起こすなよ、寝ろよ」

欠伸をしながら答える姿はそっけない。いや、絶対に勘違いや寝惚けたのではない。

両親のところへも行ったが、同じようにあしらわれた。

決して納得した訳ではなかったが、仕方がないので自室へ戻った。布団に潜って数分も経たぬうちに再び激しい揺れ。焦って部屋を飛び出す。

「煩い！」

弟から怒鳴られた。部屋から出てすら来ない。

こんな調子で一晩に何度も自分だけが地震に遭う、という現象に見舞われそのまま朝を迎えた。

寝不足の頭を抱えて登校すると、昨夜河屋敷で見た知人が声を掛けてきた。

「河屋敷でヤバいもん見たんだ。お前、そういうの好きだったろ」

「一緒に見に行こうぜ」

この知人とはお互い良い感情を持っていない。大方、おっさまが怯えるのを見ようという魂胆だろう。

「いいぜ」

二つ返事で了承した。知人は噂をばら撒いた張本人がおっさまだとは気付いていない。仲が悪くて普段はお互い寄り付きもしないから、分からないのだ。

「勿論夜中に行くんだよな？　肝試しなんだから、そうじゃないと意味がない」

煽るだけ煽って、自分でも厭味ったらしいと分かるような薄ら笑いを浮かべる。

「おう。じゃあ十二時に河屋敷な」

こちらの不遜な態度にムキになったのだろう、間髪入れずに返事が返ってきた。

実は誘いに乗ったのには訳があった。昨晩の地震、今日もまた同じように地震が起きるなら、他人と一緒にいても来るのか。来ないのか。それとも、自分一人にのみ起きる現象なのか。確かめたいと思ったのだ。

このとき既に何かがおかしいと、頭のどこかで思っていたのだろう。

胸に言い知れぬものを抱えて、待ち合わせの時間を前に河屋敷へ向かう。途中、知人の仲間に会って二人で到着した。河屋敷というだけあって、その家は川と山に挟まれた場所にある。周辺に建物はない、一軒家だ。ぽつんと暗闇に影が浮かんで見える。

それにしても、他のメンバーが見当たらない。知人の仲間に訊くと、意外にも知人は時間にきっちりしていて、普段は大体五分前には待ち合わせ場所に来ているらしい。だから遅れてくるはずがないと。

「先に行っちまったのか?」

「お前を驚かそうとしてんのかもな」

さもありなん、である。知人と仲が悪いのは周知の事実だ。納得して二人で屋敷へ近付く。

「何か変な音がしねぇか？」

「やめろよ」

知人の仲間が嫌そうな顔をした。

「おーい、お前ら、俺まで驚かす気か」

屋敷のほうに向かって声を掛けながら歩いていく。うっうっと、呻くような短い声がする。近付くにつれ、屋敷の周辺に幾つか蹲《うずくま》る人の影があるのに気付いた。

知人の仲間が持っていた懐中電灯で辺りを照らす。

「お前ら、何やってんだよ」

蹲っていたのは知人と、いつもつるんでる仲間達だ。地面を掘って土を自分の口に押し込んでいる。涙に濡れて血走った目が、縋《すが》るようにこちらを見ている。悪戯や自分の意志でやっているようには見えない。自分では止められないものを止めてくれと、目で訴えているように思えた。

何で。どうして。ここは何の謂われもないはずだ。祭壇だって適当に作ったもので、ただのおふざけだ。こんなことになる要素は何一つとてなかった。

「やめろよお前ら！　いい加減にしろ！」

知人達を止めようとした、奴の仲間に懐中電灯を渡された。一人を抱き起こして立ち上がった彼の足許を照らそうとして、何となく背後にあった河屋敷の壁に目をやった。

「ちょ、どこ照らしてんだよ、足許照らせよ！」

「……俺はこんなのやってねぇぞ」

「は？　おいふざけんなよ、お前も手伝え！」

確かに河屋敷の壁にトマトジュースをぶち撒けた。高校生の身だ、ペンキなどの塗料を使って弁償しろと言われたら困る。血っぽいものと考えて、トマトジュースにしたのだ。おっさまがぶち撒けたそれはほぼ流れ落ちてしまっている。

ところがその、流れ落ちたジュースの跡の上、正に「血が乾いた」ような赤茶けた色で無数の手形と裸足の足跡が付いていた。

この現象に一番恐怖を覚えていたのは、おっさま本人だろう。もう怖いとか恐ろしいとか通り越して呆然とするしかなかった。

知人の仲間に怒鳴られながら、知人達を何とか舗装された道路まで引っ張り出した。

その途端、皆一斉に口の中のものを吐き出した。

おっさまと一緒に来た彼が知人達の背中を擦っているその脇で、吐き出されたものを見て、もう訳が分からなくなった。

吐き出したのは何かの獣の毛と骨。肉のようなものもある気がしたが、怖さに直視できなくて懐中電灯を消した。

「お前いい加減にしろよ！　貸せ！」

懐中電灯を引《ひ》っ手繰《たく》られて、心底ホッとした。

「帰る」

「はぁ？」

「悪い」

「おまっ、ふざけんな！」

後も見ずに走った。背中に大きく己を詰《なじ》る声を聞きながら、頭は別のことに囚われていた。一体何が起こっているのか。何が何だか分からない。

それ以来、おっさまは河屋敷のある辺りには立ち入らなくなった。だが、河屋敷は順調に、確実に心霊スポットとして名を広めた。

更には河屋敷の現在の持ち主である息子が自殺。この頃には、地元でこの土地を買い上げようという業者はいなくなっていた。結局、全国区の不動産業者が買い取って、傍の山を潰し十軒程の建売住宅を建設、若年層のファミリー向け住宅として売り出した。全戸買い手が付いたものの、河屋敷が建っていた場所に掛かる土地の三軒だけが三年と経たずに空き家となった。地元では「河屋敷の呪い」と噂された。

それに比例するように、おっさま自身に起きる夜中の怪異もエスカレートしていた。

初めは地震。

次は人の気配。

部屋の中を歩き回る影。

誰かの話し声。

泣き声。

高校を卒業する頃には、見えない「何か」に殴られ、蹴り飛ばされてベッドから落ちる程になった。そこまでになると流石に家族も異変に気付く。特に母親は何とかしようと必死になった。

そんな様子を付け込まれたのか母親は怪しい宗教に嵌まり、おっさまが大学卒業の頃に両親は離婚。弟は母親に引き取られたが、その後音信不通となり、現在も消息は不明だ。

そんな経緯もあって、おっさまも父親も大の宗教嫌いとなった。神棚も仏壇も嫌う程の有様だったが、それでも父親はおっさまに起こる怪異を何とかしようと思ったのだろう。お祓いをしてくれるというところを探しては、おっさまを連れて行った。

ここでもこの親子は運がなかった。

「信じてないから祓えないんだ」

どこに行ってもそう言われて、高額のお祓い料だけを取られ、放り出された。

もうすっかり疲れ果ててしまった。後は死ぬしかないと思い詰めて、親子二人見知らぬ山に入った。山道を行けるところまで行って車を停める。マフラーにホースをガムテープで固定して後ろの窓から中に引き入れた。そうして暫く父親と目を閉じていると、助手席の窓をコンコンと叩かれた。

白い着物を着た中年女性が立っている。

「あらぁ……随分育ったわねぇ」

女性は口元に手をやり、困ったような顔をした。

「あなたのそれ、お祓いできない理由は分かるわよね？　元はあなたの『悪意』だもの、お祓いなんか効く訳ないのよ」

よく見ると、白い着物の上に袖のない羽織のようなもの――鈴懸というらしい――に結袈裟《ゆいげさ》を着けている。修験者のようだ。

「あなたに必要なのはそれを操る術を知ること。それから徐々に存在しない、無害なものへすること。元々は存在しないものだからね」

死ぬのは、それができなかったときになさったらどうかしら。

穏やかな物言いに父親共々毒気を抜かれた。どうでも良くなっていたというのもあったかもしれない。その人に付いていくことにした。

それがこの神社を管理していたサヨ先生だった。彼女は修験者であったので、一緒に修行をして日々を過ごした。それが功を奏したのか、おっさまに起こる怪異は次第に減っていき、効果を目の当たりにしていたせいか、宗教嫌いな父親もサヨ先生だけは信用した。

一年もすると、自身が生み出した怪異をきちんとコントロールできるようになった。

そうなると、どこかで慢心する気持ちがあったのだろう。もう大丈夫だと、何かあっても自分で何とかできると高を括った。そのままサヨ先生のところへ行かなくなった。

大学卒業から働かず無職だったから、当然まともな就職などできる訳もない。だが、おっさまは気にも留めなかった。修行したこの一年で、分かったことがある。祓い屋はやりようによっては金になる。

父親には友達の会社に拾ってもらったと嘘を吐いた。そうして内緒で祓い屋を始めた。河屋敷の怪異を使って。

「あなたの『それ』はあくまで存在していないもの。他の怪異に対して自分の『それ』が勝てるか勝てないか、あなたには計れない。だから使っては駄目」

サヨ先生には何度も止められた。今なら止められた意味も分かるが、その頃は理解していなかった。

紗和がフキから口酸っぱく言い含められていることがある。

「勝てないと思うものに行き当たったら逃げろ」

これができない祓い屋からいなくなる。祓い屋は己の力量がどれほどのものか知っている。いや、知らなければならない。

おっさまの怪異は、おっさまが生み出したものでしかない。おっさまの精神が折れたら負ける。故に「お祓いに使うな」とサヨ先生は言ったのだ。

だが、おっさまは聞かなかった。簡単に稼げて、「先生」と持ち上げられて有り難がられるのだ。こんないい仕事はない、と調子に乗ってどんな依頼でも引き受けた。

三年程経った頃、知り合った神社の神主から相談があった。

ある大手ハウスメーカーから地鎮祭を頼まれた建売住宅だが、事故が相次いで困っている、と。

この頃になると、もう完全に怖いものなどなくなっていた。三年やっていて一度も幽霊など見たことがない。やはりインチキじゃないか。サヨ先生のことすら、そうして馬鹿にしていた。だから、祓いの現場にも酒を飲んで出かけるのが常だった。あのときあれほど怖い目に遭って、死のうとすらしたくせに、喉元を過ぎたらそんなことも忘れてしまっていた。

すぐに了承の返事をして、付き人に運転をさせて待ち合わせた住宅街へ向かい、まだ整地も終わっていない現場へ赴いた。舐めてかかっていたのだろう。いつも通り酒を飲んでいた。

神主に紹介されたハウスメーカーの営業と、現場責任者に挨拶して一通り話を聞いた。

「人間以外のものに攻撃しろ」

河屋敷の怪異にそう命じ、それらしく手を翳《かざ》して反応を待つ。突然、視界が反転した。何が起きた？　上も下も分からない。それでもどうにか顔を上げた。

そのとき初めて、おっさまは自分が生み出したであろう河屋敷の怪異の姿を見た。二メートル程の、細く薄っぺらな紙で子供が工作したような白い着物で吊り目の女。それが犬に似た真っ黒な何かに引き裂かれる。女が悲鳴を上げた。

「ああああああ！」

だが、実際悲鳴を上げたのはおっさまだった。

目が焼かれる。感じたのは痛みではなく、熱だ。視界が白くなる。目が開けていられない。次いで襲ってきた痛みで目に触れることすらできず、両手を顔の前に掲げたまま声を限りに叫んだ。

気が付けば、病院のベッドの上にいた。

生まれて初めて「それ」の気配を知った。ねっとりと絡みつく害意。声を出さずにずっと嘲笑している。いつでも殺せるのにそうせず、怯えるおっさまを観察している。

蝶の羽をもぎ取り、悉《つぶさ》に眺める子供のように純粋な悪意で。

——死ぬ。

それだけは理解できた。三年間、運が良かっただけだ。河屋敷の怪異が勝てないものに会わなかっただけだ。これには勝てない。河屋敷の怪異は、もうないのだ。

「オリ君ねぇ、だから言ったでしょ。それをお祓いに使っちゃ駄目だって」

暗闇の中、静かに聞こえたのはサヨ先生の声だ。父親が呼んだのだろう。

声を上げて泣いた。けれど涙は出なかった。詳しくは分からないが、目の機能が丸ごと駄目になってしまったらしい。昼なのか、夜なのか、それすら分からない。

「今度こそ命の保証はできないよ。私も、自分の命を懸ける訳にはいかないから」

サヨ先生はそう言いながら、二つ選択肢を提示した。

このまま死ぬか、うちの神社から二度と出られないけど生きながらえるか。

——どうする？

「そんで儂は、ここから出られんことになった。そういう話じゃ」

恐らくここは、正しくは神社ではなく、小さな宗教法人の道場という扱いなのだろう。妙に納得しながらお茶を啜《すす》る。

「サヨ先生は結局、その狗神に勝てなかったんですね」

「――分かるか」

祓い屋は勝てないものに命を懸けない。勝てないものに出会ったら逃げる。それができない祓い屋は死ぬ。或いは、優しい人から死んでいく。そういうものだ。だから、そうやって生き延びた祓い屋は信用するに足りるのだ。

一度関わったおっさまに憑いた狗神を、サヨ先生は放っておけなかったのだろう。おっさまの傍らで、心配そうにおっさまを見つめる中年女性に紗和は黙礼した。

「さて、フキばあちゃんが待っているので帰ります」

「おう、引き留めて悪かったなぁ」

帰り際、もう一度手水舎《ちょうずや》で手を洗い、口を漱ぐ。来たときにはなかった白い菊の花が一輪、手水舎の水に浮かんでいた。拝殿に頭を下げ、その菊を拾い上げて、そのまま車へ乗り込んだ。

フキの住む山まで不思議と信号に引っかかることもなく、とてもスムーズに着いた。

頼まれたお使いものを抱えて車から下りる。四十代と思しきスーツ姿の男性にすれ違いざま声を掛けられた。

「お泊まりですか」

「ええ、もう危なくて帰れないので」

「——ここより危ない場所、あります?」

頭を下げながら苦笑いした。

家に中に入ると、フキが菊を一瞥して鼻を鳴らした。

「お前は何にでも好かれて困る」

「うん。持って帰れないからフキばあちゃんところで飾ってよ」

翌朝、花瓶に生けた菊は一晩のうちになくなっていた。

狐か狸か

紗和の両親は現在、ある山の中の集落に居住している。

松茸やら自然薯《じねんじょ》やらで、山に入る人が多い土地柄であるせいか、「山は怖い場所」という認識が薄く、寧ろ信仰の対象である。

紗和の母の友人である涼子の話だ。

その日涼子は夫の和郎と一緒に、筍掘りに山に入った。和郎が足袋を穿いた足で地面を踏み、筍の先端を探る。足の裏の感触に「ここ」という場所に当たりを付け、そこを夫婦で掘る。これが面白いように採れる。立派な大きさの筍が幾つも採れた。近年稀に見る大豊作である。

とはいえ、採り尽くしてしまっては、来年またこの恩恵に与れなくなる。もうこの辺りで帰ろうか、と話していたときだった。

――えっさ、ほいさ。

――えっさ、ほいさ。

上のほうから掛け声が聞こえる。子供の声だ。

低い山が連なった中の一つとはいえ、子供の頃から親に付いて入っていた涼子和郎夫婦だからこそ、ここまで分け入ってこられたのである。況してや子供だけでこれより上に行けるはずもない。

「狐か狸じゃろ」

「化かしに来たんじゃな」

段々と下りてくる声に、しゃがんで身を隠した。近くで声が止まる。

「兄ちゃん、人間いなくなっちゃったよ」

「馬っ鹿でぇ、まだ匂いがすらぁ」

「筍、掘り尽くしちゃうよ」

声がしょんぼりし始める。

「止めないと父ちゃんに怒られる」

「止めないとかん様に怒られる」

途方に暮れたように、声は段々心細げになっていく。

「怒られる」

「怒られる」

——うわああん、うわあああん。

とうとう大声で泣きながら、子供達は山を下りていった。

「お父さん」

「ん」

涼子と和郎は互いの顔を見合わせ、採った筍の半分をその場に置いて帰った。

そして秋、夫婦二人で今度は松茸を採りに山に入った。松茸は年々見つかり難くなってきているらしく、この日もなかなか見つからない。

「ないわねぇ、お父さん」

「仕方ない。儂らが何か山に粗相《そそう》したんじゃろ。松茸が生えてくる環境を整えにゃならんな」

結局その日は諦めて、折角来たし手ぶらも何だからと栗でも拾うことにした。二人座っていたところから立ち上がり、膝を払って姿勢を伸ばして、何げなく視線を後ろに巡らせた。

立派な松茸が数本と、毬《いが》が付いたままの栗がどっさり置いてあった。

「こりゃあ、いつかの狐か狸の兄弟かの」

「ほんとねぇ」

「ありがとうなぁ」

「ありがとねぇ」

声を張り上げて礼を言う。

――クスクス、クスクス。

小さな子供の笑い声がした。

それで何だか嬉しくなって、山で山菜採りをするときは必ず、兄弟達の分を置いて帰るようになった。

それだけではなく、涼子は帽子や手袋を編んで一緒に置いてきた。

「お兄ちゃんが青、弟君が緑よ」

サイズが合うといいんだけど、とそう言って。

数カ月後、和郎が通勤に使っていた山道が、崖崩れで一部区間ガードレールがない状態となった。

街灯もない山道は対向車も滅多に通らない。集落に至る道はもう一本あるが、結構な遠回りだ。どちらの道で帰ろうか、分岐点の手前で悩む。

ふっ、といつも使っているほうの道に灯りが見えた。街灯や車のライトのような強い明瞭なものではなく、ぼんやり滲む丸い柔らかな灯りだ。

何となく気になって、それに付いていってみた。ゆっくり歩くように進む灯りにふと気付く。

あれ、もしかして――提灯か？

やけに低い位置を移動するそれに、あの狐だか狸だかの兄弟が思い浮かぶ。カーブを曲がるとき、ヘッドライトにちらりと見えた青の帽子と緑の帽子。

「やっぱりお前らか」

やがてぽつぽつと集落の灯りが見え始めた。危険な道は脱したようだ。次のカーブを曲がればもう平坦な道だ。ホッと息を吐きながらカーブを曲がった瞬間、ぼんやり浮かんでいた提灯の灯りが唐突に消えた。少し先に街灯が見えた。硬質な光が辺りを照らしている。

その明度の差に暫し目がチカチカした。車を脇に寄せ、窓を開ける。

「案内、ありがとなぁ」

――クスクス、クスクス。

山のほうから子供の笑い声がした。

車を走らせて自宅近くまで来ると、家の前に落ち着かない様子で涼子が立っている。

「母さん、どうした？」

「あ、お父さん、無事で良かった！」

当初、回り道して帰ろうと思っていた道が崩落したらしい。いつも使っている道はガードレールがなくなっている。

もし、遠回りの道のほうへ行っていたら――と、いても立ってもいられず家の前で待っていたのだと。


「だからねぇ、今もお供えしてきたのよ。紗和ちゃん、どっちだと思う？」

狐かしら？　狸かしらねぇ？

――クスクス、クスクス。

優しく目元を綻ばせる涼子の後ろで、狐でも狸でもない泥の塊が二つ、無邪気な声で笑った。

むしひめ

紗和の夫の知人は、夫がパソコンショップの店長をしていた頃の顧客の一人だった。家はかなり裕福で、精密部品の工場を経営していたと記憶している。部品から組み立てる注文等が何度かあって、夫は知人に自宅に招かれるくらいには仲が良かった。紗和も一度一緒に招かれたことがあるが、このとき夫と知人はさっさと自分達だけパソコン部屋に籠もってしまった。

知人の大学生の娘がお茶を淹れてくれたのだが、十分もしないうちに突然聞いてほしいことがあると言い出した。

そうして連れて行かれた部屋の前、襖をほんの少し開ける。ちらりと垣間見えたのは、漆塗りの長持。表面は綺麗なのに、中身が引っ掻き傷だらけのイメージが浮かび上がった。中から外へ出たくて、助けてほしくて、爪で引っ掻いて――。

ああ、駄目だ。ここにはいられない。

断って家の外へ出ようとした。知人の娘が一緒に付いてきた。初めはこちらを気遣って付いてきてくれたのかと思ったが、そのうち紗和より先に立って歩き始めた。まるで家から逃げるみたいにどんどん、どんどん先を行く。

「あれは、むしひめの箱です」

ぽつりとそう呟いた。

「様々な毒虫と選ばれた女性を入れるんです」

そうして七日経ったら箱を開ける。

「神になるものと、死ぬものがいて」

神になった女性が入れられていた箱だけを残す。そうやって残り続けた箱があれなのだ、と。

ああ、そうか。こんな何もない山奥であれだけ立派な家があるのは、そういう呪いで家を守ってきたからなのか。妙に納得した。

「どうやって逃げました？」

がしりと肩を掴まれた。

「どうやったら逃げられます？　私、逃げたいんです」

酷く切迫した様子で、紗和の肩を縋るように掴んでいる。その素振りがあまりに必死で、言うつもりはなかったのについ口を突いて出た。

「あれらは大体『家』に憑くんです」

海外のような遠くに離れるか、結婚するのが良い。アジア圏には同様の呪いが伝わっているところがあるので、それらとは系統の異なる呪いしか存在しない欧米が望ましい。

「それでも完全には、あの手のものから離れられませんよ」

そうアドバイスした。

間もなくして、渡欧した娘が海外留学先で失踪したと聞いた。

そこから一年以内で娘以外の家族が全員亡くなった。死因は様々だったが、その後も本家筋、分家筋と殆どの一族が亡くなった。「箱」の恩恵を受けた者は死んだのだろうと、ぼんやり思った。

娘は果たして逃げることができたのだろうか。その消息を知る術はない。

おにわさま

紗和の小学校からの親友が相談に乗ってほしいと連絡してきた。

同僚が難病に罹《かか》っている。もしそれが霊的なものなら、祓えないかと。

言われて視えたもの。

親友の同僚の実家では海から来たものを奉っている。一族を繁栄させる代わりに、一族の中から一人好きな者を娶《めと》ってよい。そういう約束を御先祖が取り交わしている、というもの。

その約束の者が同僚であり、この先それに嫁ぐための準備をさせられている。病はそのせいなのだと。

本当に逃れたいのなら、協力することはできる。

だが、成功するという確約はできない。そして成功しても、しなくても、一族の繁栄は終わる。

親友にこれを伝えたところ、彼女はそのまま同僚に伝えたらしい。本人も察するところがあったようで、親友を通じて丁寧にお礼を言われた。

紗和の母方は、山を背後に従えた海辺の小さな集落の出で、母の兄である伯父の家には昔からよく遊びに行っていた。だから、海から流れ着いたものを信仰の対象とする「えびす信仰」は少なからず理解の範疇《はんちゅう》だった。

伯父の住む集落で見かける「えびすさま」は祀ると、ほうっと明るく光る。しかし、親友の同僚の後ろに見えた「えびすさま」は、もやもやとずっと暗くて形がはっきり見えない。集落のえびすと違って、気味の悪さがある存在を感じた。

海から流れ着くものに神格を持たせるのは、時にヤバいものを引き当てることがある。多分これもそうなんだろう。

「あれとは関わるな。助けられん」

そう稲荷が言うのだから。

先日、紗和は職場の新人教育を請け負うことになった。

新人が某県に近い海沿いの地方の出身だというので、話の切欠として母方の祖父が漁師だったことや、その集落の様子などを話した。

「おにわさまもいます？」

突然、酷く神妙な顔をして訊かれた。

おにわさま？　屋敷神の一つだろうか。呼び方が違うだけで似たようなものならあるかもしれない。そう思って詳しく聞いてみる。

曰く、一族の中で選ばれ、家の中ではなく庭で暮らすのだと。食事も一切、家では関わらなくなる。寝食や生活の全てを庭で過ごす。そうすると、そのうちふと姿が見えなくなる。

だが、あるとき戻ってきて庭から呼びかけ、告げるのだ。

「今年は豊漁」

「今年は大時化《しけ》」

「長雨で崖が崩れる」

日の明るいうちに、庭へお礼のお供えをする。けれど日が落ちてからは、絶対に庭へ出てはならない。

そうしておにわさまになった者の名は、二度と口にしてはならない。

「そちらには、そういう神様がいますか？」

ああ、これは次男次女以下の「口減らし」が発展した系の屋敷神か。

そういえば、伯父が言っていた。

海で亡くなった人や、山で行方不明になった親類が、夜に家の外から呼びかけてくることがある。

「そじゃけど返事したらあかん」

――そらもう、お前《のう》らの世界のもんじゃなくなっとるで。

「そうですか」

その話を聞いて彼女は妙に納得した顔をしていた。

「紗和さんは、呼びかける声を聞いたことがありますか？」

「私はないなぁ。ただ伯父は戸締まりに物凄く気を付けていたから、その話を聞いた後は何だか怖かった」

その伯父も十年以上前に亡くなっている。伯母も既に亡く、子供達は結婚や就職で集落を離れてしまっているので、今は集落の家屋に誰も住んでいない。生前に伯母が「家は処分せずにそのままにしておけ」と言ったらしい。

「従姉が従兄に家をどうにかしようって言っても、帰りたがらないんだって」

「そうでしょうね」

そう言った彼女に引っかかりを覚えた。そうでしょうね、とはまた妙な言い方をするものだ。田舎の漁師町、自分が帰りたくなくて出てきたから重ねて見ているのか、とこのときは思った。

結局彼女は入社三日目で辞めてしまった。

先日、従姉と電話で話した折、集落の家の話になった。

「兄ちゃん、東京から戻らんの？」

「ああ、あの子は家にお化けが出るから、帰りたがらんとで」

そう従姉は笑った。

「小さい頃からお化けが出る、お化けが出るって言うとったでな。兄ちゃん、怖がりなんやで～」

紗和は笑うことができなかった。

伯父は生前言っていたのだ。

「どんなに声が似とっても、あれはもうそん人ではないんやで」

新人の彼女がそこに触れなかったのが、ただ怖かった。

魂の乗り物

　会社で他部署へ移ることが前提で新人を三人、面倒みることになった。

　三人はいつも一緒に昼食を取っていたが、教育係と一緒では気まずかろうと、紗和は時間をずらしていた。

　その日は一人が休みで、残りの二人、美咲と比奈が昼食を取っているのとたまたま紗和の昼食時間が重なった。気を遣わせるのも何なので、少し離れた席に座った。

　思いの外、女性用休憩室は静かで、二人の会話が聞こえてくる。それは比奈が所謂幼稚園のお受験をしたことがある、という話題が発端だった。

「私、お受験じゃないけど、小さい頃何かよく分からないテストみたいなの、受けたことある」

　そういえば、という感じで話し出したのは美咲だ。

「テスト？」

比奈が首を傾げる。

「そう。親に車ですっごい遠いところに連れて行かれてさ」

銀剥がしや絵合わせ、色合わせとかカルタとか、音のない映像を見せられたり、色々な人物に会わせてその中でどちらか選べ、とか。

「半年くらいかなぁ？　どんどん他の子は減ってって」

山中で宝探しのようなものをさせられて、その間にも人数が減っていく。でも結局、ある日ぱったり行かなくなった。

「今思うとあれ、『落ちた』んだろうね。何かのオーディションっていうか、お受験みたいのに」

「へー、何のオーディションだったんだろ？　不思議だねぇ」

「だよねぇ」

話を聞きながら、落ち着かない気分になった。紗和には心当たりがあった。

同じような工程を経て、生き神様にされた女の子の霊を祓いに来たという人を、呪い屋の老女フキのところで見たことがあったからだ。

恐らくそれは、何かの呪詛で閉じ込めた霊の器にするための選定だ。

呪詛を作った時代が新しければ新しい程、恨みや辛さ、痛みや苦しみが強くて必要な情報を聞き出せない。意思疎通ができないのだ。だから器を用意する。

幼い子供に移して依代のような役割をさせるのだが、どういう訳か男児の大半は死んでしまうので、総じて女児が選ばれることが多い。

それを繰り返すことでより強い霊となり、依代がなくても意思疎通が可能になることもある。また、意思の伝達が図れない場合は依代を定期的に変える必要がある。だが、今はそんなこと継続が難しい。

そもそも、そう簡単に生き神なんぞ作れるものではない。だから放置された生き神は稀なのだ。稀、だけれども、今まで通りにお祀りができずに世に出てくるものがある。

「未だに依代なんぞ選定しとる奴ぁ、おらんじゃろ」

とは、フキの言である。失われていくが禍だけは残る。

「力と生命力の強い子を選んで、魂の乗り物にするんじゃ」

だがそんなものがそこら中にあったら大変だ。というか、現代社会では犯罪なのだ。

この日本でそんなことをして見つからない訳がない。

「誰が『日本だけの話』っちゅうた？」

言葉が見つからなかった。

「狗神、蛇神、猿神と、大陸から来た呪いには絶対関わるな」

これはフキの口癖である。

背中で二人の話を聞きながら、紗和は悩んだ。

生き神の依代を選んでいる、ということを美咲の両親は承知していただろう。依代に選ばれた子は二度と親元に帰ってこないことも、選ばれれば法外な謝礼が支払われることも分かっていたはず。

これを美咲本人に伝えるべきか、伝えざるべきか。今、両親との仲が円満ならば余計なことだ。

悩んでるうちに三カ月経って、美咲は別の部署へ移動になった。顔を合わせることもなくなり半年が過ぎた。先日上司と雑談していたとき、美咲のことが話題に上った。

「そういえば、紗和さんが教育した美咲さん、転勤になるんだよ」

「あらまあ、それは親御さん、寂しいですね」

「あれ、紗和さん、あんなに美咲さんに懐かれてたのに知らないの？」

彼女、幼い頃に御両親亡くなってるんだよ――。

いつ。どうして。どうやって。

それは依代と関係はあるのか、ないのか。

そうですか、と紗和は当たり障りのない返事をするしかなかった。

石棺

京都訛りのその人は祖母の知人だと言った。

和尚の許へ清隆を連れてきた人でもあった。

関西地方の、ある場所の話を和尚か祖母から聞いたことはないか、と訊ねられた。

双方とも亡くなって大分経つ。そんな話は聞いたことがなかった。

正直にそう答えたのだが、一度見てほしいと頼まれて同行した。

連れて行かれたのは、関西地方の私有地と思われる山だ。随分と歩いたから、かなりの山の中のようだ。

土台が土に埋まっている感じから見て、かなり古いものなのだろう。デコボコした表面に苔の生えた石の箱が置かれていた。箱は一枚岩の板が上に被せられている。

これは、石棺か。

何重にも注連縄《しめなわ》が掛けられ、紙垂の付いた縄で四方を囲まれていた。更にその外側を有刺鉄線の柵で囲っている。石棺の前にはお供えと思しきものがあった。

「上の板がずれていたのだけど」

ずれていたのはどこか。訊かなくても分かる気がした。右手前の地面が抉《えぐ》れ、右半分だけ足許の草が枯れている。振り返った先、何かを引き摺ったように木が折れていて、そのまま麓へ続いていた。

空の石棺からは全くと言っていい程、何も感じ取れない。しかし紗和は、この石棺が怖くて怖くて仕方がなかった。

幼い頃から繰り返し、これに似た石の箱に閉じ込められる夢を見ていたからだ。

関わりたくない。強くそう思った。

「何か、箱に纏わる話を聞いていないか」

そう訊かれた。

「何も分からないけれど、この場所にはもう何もありません」

これに似た箱を幾つか見たけれど、対処法は知らないし、何も聞いていない。祖母からは塩と米と小豆の御守りを貰ったが、詳しい作り方は知らない。そう答えた。

祖母の知人は難しい顔をして、家まで送ってくれた。
半年程経って、知人の弟子という人から一度だけ、電話があった。
知人が亡くなった、と。あの石棺の中で、己の両手を噛み千切って。
「あれについて些細なことでもいいので知りませんか」
もう一度、そう訊かれたが、夢の話はしなかった。
それから紗和は「箱」を見ていない。

もう一つの、匣

　美那子の祖父の実家は結構な旧家であるらしい。その集落一帯がほぼ全て同じ苗字と言えば分かるだろうか。

　とはいうものの、今は全国に散らばってしまって、地元に残っているのは本家筋とそれに近い家だけだ。かくいう分家である美那子の実家も、祖父の代でその土地を離れて久しい。

　元は京都の出であるようで、家系図を遡ると平安まで行くらしい。

　その家系図は過去帳とともに檀那寺に預けられていて、年に一度、住職立ち会いの下で一族本家の当主のみが開くことができる。代替わりなどは、その折に書き加えられる。

　伝えられている話によれば、何でも京の都で「呪い」を生業《なりわい》としていた家で、事情があって都落ちしてきたのだとか。「まじない」ではなく「のろい」のほうの。術師としての権力争いの末に、であるらしいが何かをしでかしたのか、一族郎党引き連れて都を逃れてきた、と。

その影響なのかは分からないが、この一族は京都には近寄らない。というか、入れない。商談にしろ旅行にしろ、行き先を京都にすると必ず何かしらの不都合が生じて行けなくなる。突発的な出来事に阻まれるのは普通で、果ては体調不良にまで陥るのだ。

だがそういう術式の一切はとうに失われてしまっていて術者自体がいないので、今はそういう「依頼」を受けるということもない。京都に旅行に行くことができない以外は、まあ普通の一般人だ。

美那子の祖父は双子の弟で、本家当主で兄でもある大伯父とはとても仲が良かった。双子の場合、祖父や大伯父の生まれた当時の慣習では先に生まれたほうを弟とした。それに倣って弟とされてはいるが、実は先に生まれた自分のほうが兄なのだと、祖父は一族が集まる宴席で酒が入って機嫌が良くなると度々そう主張した。

「何を言うか。俺が腹の中で色々後始末ばして、先にお前を送り出してやったとやけん、俺が兄貴に決まっとろうが」

やはり上機嫌でそう大伯父は応酬する。謂わばこれが、この兄弟の宴席での鉄板ネタであった。鬼籍に入ったのも祖父のほうが先だったが、ここでは置いておく。

大伯父は、祖父の子である美那子の父やその子供達を自分の子や孫のように可愛がった。術式自体は失われても、その素質は一族の者の中に受け継がれているようで、特に美那子は子供の頃から不思議な出来事が纏わりついた。そんな美那子を大伯父は殊の外気に入っていたようだった。

勿論、大伯父にも子や孫はいるが、何故か自分の血を引く直系にも拘らず大伯父はそれを蛇蝎《だかつ》の如く嫌っていた。大伯父の子も孫も、一族の素質を全く受け継いではいなかったから、かもしれない。

まあ一人っ子で惣領《そうりょう》息子の伸二に関してはその人間性も問題だったが。

「これに跡ば取らせたら、シロアリんごつ何もかんも食い潰しっしもうばい」

苦虫を数百匹は噛み潰したのではないかという顔をして、大伯父がそう吐き捨てたのを美那子は聞いたことがある。

尤《もっと》も、血筋が直接続いているのは大伯父の本家と祖父の分家のみで、他の親族達は頻繁に行われる養子縁組のせいで複雑に血脈が入り組んでいる。

この一族はどういう訳か嫡子が育たない。

最初に生まれた子は男女問わず、既に子供がいる家に次子以降の子として養子に出すのが習わしとなっている。養子に出さずに手元で育てようとすると、ほぼ十割の確率で早死にするのだ。

そして、直系ではない養子であっても「跡取り」になった途端、その子はあまり長くは生きない。故に複数の家から子を貰う。そのうちの一人か二人育てば、家は続く。

また、名付けにもそれは影響した。

まず生まれた順番に拘らず、「太郎」「一郎」等の長子を意味する名は御法度である。その代わり、長子には必ず二番目を意味する「次」や「二」等といった字が使われた。

その上で養子に出されるのである。

それは本来の長子を死なせないための苦肉の策でもあったのかもしれない。

そうやって一族の間で行われる子のやり取りは、皆知らぬ仲ではないということもあってか、近所に泊まり掛けで遊びに行かせるような気軽さであった。

一族では至極当たり前のことであったそれが、世間の常識とはかけ離れていると知れるのは美那子が学校に上がってから後のことだった。

大伯父の家には、用途の知れない部屋、というのが幾つかあった。その大半は大伯父や祖父以外が入室することはできなかったが、駄目だと言われれば覗いてみたくなるのが人情というもので。そういう言い付けを無視して中に入っても、美那子だけは怒られたことがなかった。

だから子供の頃はよくそこに入り込んで、勝手に中にあるもので遊んでいた。

その中の一つであるその部屋は六畳の和室で、奥に床の間がある。その床の間の壁に段差のある四角い入り口があった。大人なら身を屈めなければならないそれは、子供であればするりと潜り抜けることができる。中は三畳ほどの畳敷きの空間になっていた。窓はなかったが、照明は点くようになっていて、暗いということもなかった。

その一角に、御神輿《おみこし》のようなものが置かれていた。短い足の付いた三段の小さな白木の和箪笥《だんす》の上に御神輿が載っている、という感じだろうか。担ぎ棒がなくて、台座の上に総白木の御社が載っているように見えたから、もしかしたら神棚のようなものだったかもしれない、と後から思った。

お社の下の和箪笥の引き出しには、白い皿や小振りの茶碗等が仕舞われていて、それを引っ張り出しては一人でままごとに興じた。

遊んでいて、ふと御社のほうが気になった。振り返って確認すると、御扉《みとびら》にいつもなら掛かっている凝った細工の閂《かんぬき》がない。御社の御扉はちょうど立ち上がった子供の目の高さだ。手を伸ばしてそろりと御扉を開ける。

元は白木だったであろう、年季が入って色が変わった古ぼけた箱があった。ぐるりと封緘《ふうかん》紙で幾重にも厳重に封を施されている。箱の上に貼られた和紙には墨で何か書かれていたが、文字なのか模様なのか、自分が知らないものだったので分からなかった。

箱を手に取ってみる。子供が手に取れるくらいであるから、箱自体はそれほど大きくはない。思ったより軽くて、振ってみると「カラカラ」とも「カサカサ」ともつかない乾いた音がした。

元あった場所に戻して、もう一度手に取った。先程より少し重くなった気がした。また振ってみると「ガシャガシャ」と、最初より中身が増えているような音がする。

ちょっと面白くなってもう一回振ってみた。「カラカラ」と聞こえた音は一つ。元に戻っている。

もう一度振ろうとしたとき、部屋に大伯父が入ってきた。

「おっきいじいちゃん、これ何が入っとると？」

箱を見せながら訊いた。大伯父はちょっと困った顔をして美那子の手から箱を取り上げた。

「カラカラって、音のしたばい」

「振ったとね？」

「うん」

「そうね」

笑ったまま、少し考える素振りを見せて大伯父は箱を御社の中に戻す。

「御先祖さんが、悪かこつばしてしもうた人のおるったい。そん人の子供の指が入っとると」

そう言いながら、節くれだった指で美那子の左の小指の先を摘んだ。

「ここが入っとるとたい」

箱の中に、子供の左手の小指の先が入っている。今思えば不思議だが、すんなりと納得した。

そうなると、箱を封印した和紙に書かれていたものが気になった。

「おっきいじいちゃん」

「何ね」

「紙に何か書いとったばい。何ば書いとると？」

「あれはむかぁしの字たい」

書かれていたのは三つ。何と読むのか教えてもらったのに、その後また実物を見るまで思い出しもしなかった。

これはずっと大事にしていなければならないもので、子供と女の人は触ってはいけない、と言われたのが妙に頭に残った。

美那子がその箱を再び目にしたのは、成人して暫く経った頃、大伯父の法事のときだった。

この年はとにかく葬式が多かった。本家筋の長老曰く、「引かれたっちゃろうやぁ」とのこと。呪い屋の血筋のせいなのか他所の家より「あちら側へ引く力が強い」のだとか。

だからなのかこの一族は、一人死ぬとバタバタと続く。一週間のうちに三人、などというのもザラだ。酷いときは、葬式の帰り道に携帯が鳴って訃報が届く。

「葬式貧乏になりそう」

そう呟いたとき、遠い分家の婆様が笑った。

「もう気が済んだろうやぁ。まあそろそろやけん、あたしが止めろう」

そんな話をした翌日に分家の婆様が亡くなり、それを最後に葬式の連鎖はピタリと止まった。

そうやって葬儀ラッシュが落ち着いた頃、大伯父の法事が営まれた。

法事とはいっても、後半はもうほぼ宴会である。親族が一堂に介したそれは大層賑やかで、やれコップはどこだ皿数が足りないだ、裏方に回る女衆はてんてこ舞いだ。

半年前、外部から嫁いできた若い嫁さんが一番の新参者で、先輩の女衆に言われるまま動き回っている。酔っ払いの相手をするのが嫌で、美那子も裏方を手伝っていた。

「あれ、かおりさん、どうしたと？」

新参の嫁さんがウロウロと何かを探している。声を掛けるとホッとしたように笑った。

「お義母さんに大皿を持ってきてって言われたんだけど、どこにあるのか分からなくて」

蔵にあるから、と言われたらしい。

本家の蔵は二種類ある。皿やらコップやら重箱やら生活で使うものを仕舞ってあるところと、曰く付きの品物や呪物の類が納められているところだ。

前者は謂わば物置代わりで、いつでも入れるよう鍵も簡易なものだが、後者は鍵も厳重で扉に御札で封印さえされている。御札は一族の苗字が書かれているだけのシンプルなものだが、年に二回、檀那寺に中にあるものを納めるときだけ開くことになっている。

かおりを伴って物置になっているほうの蔵に行く。一緒に皿を探している最中にかおりが声を上げた。

「美那ちゃん、これかな」

中段の棚から大皿が入っているらしき箱を下ろそうと、上に載っていた小さな箱を手にした瞬間、かおりは腹を押さえて蹲った。

「かおりさん、どうしたと⁉」

声も出せない様子で呻いて、腹を押さえたまま脂汗を浮かべている。すぐ母屋に走った。

それから救急車を呼んだりして、宴会どころではなくなった。

後日、美那子はかおりが流産したことを知った。かおり自身も気が付いていない程初期の妊娠であったらしい。

あのとき、かおりが手にした箱には見覚えがあった。大伯父が言っていたことを思い出す。子供と女の人は触ってはいけないと言っていなかったか。ずっと大事にしなければいけないとも言っていたものが、何故物置なんかに無造作に置かれていたのか。

そういえば、大伯父が亡くなる少し前、あの部屋を含めた「用途の知れない部屋」がある一角を、伸二が改築のために大伯父の許可なく勝手に取り壊したらしい。だが、部屋の中にあったものは、大伯父や祖父の姉の子である光彦が引き取ったはずだ。

父を通じて光彦に訊いてみたところ、引き取ったのは御社や和箪笥等で、中身は呪物の蔵へ移動させたとのこと。自分ではこれらは扱い切れない、祀る方法を知っているのは大伯父のみ。もしかしたら祖父なら知っていたかもしれないが、既に先に鬼籍に入っている。それならばまだ蔵へ納めたほうがマシだろうと。

術式が失われたとはいえ、それを生業としていた一族だ。持ち主が扱い切れなくなった呪物を、何とかしてほしいと外部から持ち込まれることも多かった。この蔵は元々「そういうもの」を収納する、そのためにあるのだ。

そうした呪物はある一定期間蔵に置かれ、その後に檀那寺で供養され、最終的にはある神社に納められる。

檀那寺住職立ち会いの許、苗字を書いた紙で蔵の出入り口を封緘したはずで、一体誰が封印を破って開けたのかとそう光彦は言っていたが、心当たりが全くないでもなく、大方予想は付いていたのだろう。

喩え高価な茶器や茶碗、貴重な骨董品であったとしても、蔵の中のものは例外なく呪物であり、曰く付きのものである。それを意に介さないのが、実の父に「碌《ろく》でなし」と評された本家惣領息子であった。

大伯父が亡くなって間もなく、息子の伸二は蔵の中身に手を付けた。売れるものは売ってしまえと、一部を処分したのだ。これが一部に留まったのは、持ち込まれた打刀を前にした研ぎ師が頑として依頼を受けなかったからだ。

「これは『そういうもの』だから触らぬが賢明。売ろうなどと考えないほうがいい。

どこへ持っていっても同じことを言われるはずだ」

守り刀として家にある分にはいい。家に関わる災厄を受け止めるのが『これ』の役割だから。ただ、「外」に出してしまったら、何が起きるか。止めていたものが一気に溢れ出す、かもしれない。

こんなことを言われたら、如何にそういうものを迷信だとして信じていない伸二でもあまりいい気分はしない。その上どこから漏れたのか、その話が分家の一人に知れてしまったため、他を処分することは諦めたようである。

かくして、呪物の一部は外部に流失し、それらの行方は分かっていない。

そのときのどさくさに紛れて、あの箱も持ち出されたのだろう。ただどうやっても箱は開けられなかったようで、重要なものとも思わなかった伸二によって物置のほうに放置された、らしい。

これも他の分家から伝聞の形で聞いただけだから、実際のところどうかというのは判然としないが、多分ほぼそうだろうと美那子は思っている。

伸二はあの箱に書かれた文字を見なかったのだろうか。あれを開けようなどとよくも思ったものだ。伸二のことだ、意味など深く考えなかったのかもしれないが。

——仔盗匣。

『おっきいじいちゃん、これ何て読むと？』

『ことりばこって読むとたい。みなちゃんは女の子やけん、もう触ったらいかんよ』

箱は蔵に仕舞われたのか、それからは見ていない。

玄関のチャイムが鳴った。宅配便らしい。ドアを開けて受け取りにサインをして返す。

「○○さん、××町○○の出身っすか」

配達員にそう声を掛けられた。一族の本家筋の地元である。

「地名と苗字が同じですもんね。あ、俺、地元なんすよ」

「あ、御存知なんですか」

本家地元の数少ない他家の方であったらしい。

「○○古墳って○○家のですよね。凄いですよねー」

それは初めて聞いた。というか、ちょっとおかしくないか。一族は平安の頃に都を逃れてきたのではなかったか。

配達員が帰った後、美那子は父に電話を入れた。

「ああ、それなー。元は違う人の名前やったとばい」

「え、どゆこと?」

「そこの豪族かなんか知らんばってんが、取り殺したごたあね」

「わー」

ちょっと引いた。要するに、都から逃げ延びたうちの一族が辿り着いた先で、当時そこで権勢を誇っていた土着の一族を呪い殺して成り代わったと。

「やけん、古墳の中に入っとる人ぁうちの先祖とは赤の他人たい」

他所には言うたらいけんよー。軽い調子でそう言われた。その流れで、一族が都から逃れる際、四国まで一緒に渡ってそこから分かれて北のほうに向かった者達がいたと聞いた。どうやら東北の地に根付いたらしく、三家族が確認されていた。

「もうおらんばってんね」

「え、引っ越したと?」

「東北の地震のあったろうが。あれで全滅たい」

何が何でも血を絶やそうとする、そんな意志を感じたような気がした。

筆者は紗和に美那子の家のことを訊いてみたことがある。

一族の名前を出した途端、「あー、あのお家ですか」という反応だったから知ってはいたのだろう。

「あそこ、怖いお家なんですよねぇ」

美那子の一族の子供が育ち難いのには、それなりの理由があるのだとか。

この一族が得意としていた術式は、「蠱毒《こどく》」。しかも使っていたのは虫や動物ではなく、人間の子供だ。

最初は政敵や邪魔な人物の子供を拐ってきて使っていたのだろう。そのうち外部から養子を取るようになり、暫くするとそれも難しくなって、一族の内部で子のやり取りをするようになった。養子縁組という制度は、この一族にとって大層都合の良いものだったようである。

そうやって調達した子供を、箱の中に入れて一定期間置く。このとき一緒に入れるものがあるらしいが、術式は全て失われているので詳しいことは分からない。

ただ、紗和には箱と子供が視えたようで、恐らくそうではないかということらしい。

術式は口伝による一子相伝で、子供が育ち難い環境の中、長子が相伝できる年齢に達する前に当主が亡くなったことで途絶えたようだ。

以前美那子が過去帳を見せてもらったとき、亡くなった子供の年齢の低さとその数の多さに驚いた、という話を聞いたことがある。

そのときは「昔は栄養事情とかあって、今のようには子供が育ち難かったんだなぁ」と思ったそうだ。

だが、今はもう術式が失われている。以前のような子供を使った呪物を作れなくなって久しい。にも拘らず、子供が、しかも長子が育たないのは何故なのか。

呪物には、対価が必要なのではないか。

これが長年蠱毒を作り続けてきた一族に対する、対価なのかもしれない。

美那子の祖父は本家を出て地元を離れ、戸籍を分けた際に苗字を変えた。

正確には漢字はそのままで、読み仮名を変えたのである。喩えば、「中島」という苗字であったとする。本家は「ナカシマ」だが、祖父はそこに濁点を加えて「ナカジマ」とした。それをそのまま役所へ届けたのだ。

そちらのほうが呼びやすいのか、濁った呼び方をする人が多いし、いちいち訂正するのも面倒臭い、というのが理由らしい。

本当にそうだろうか。見方によっては、新しく家を興したように見えないか。

厄介な呪物を全部本家に置き去りにして、新しい家に系譜を移す。そんなふうに考えてしまうのは、穿《うが》ち過ぎだろうか。

地元を離れてすぐ、荷物だけを先に送った新居は人気がなかったにも拘らず火災で焼失した。本家から持っていったであろうものは、一切合切綺麗に焼けてしまった。

「まあ何とかなっじゃろう」

祖父は大層楽天的で、実際何とかなってしまったらしい。暮らし向きはそれなりで、子供達に不自由を強いることもなかった。

美那子には姉がいる。その姉が婿養子を取り、男の子を産んだ。外見は両親に似ているが、その資質は高く色濃く一族の血を継いでいる。その子がよく、何もないところを見ていることがあるという。

「何見とると？　何かおるとね？」

甥っ子が見ているほうに目を向けながら訊いてみると。

「じいじ」

そう言ってやはり同じ場所を眺めている。

「じいじがおると？」

コクリと頷く。ふと、もしかして、という気がして美那子は確かめてみた。

「じいじ、一人？」

小さな指を二本、立ててみせた。

本家の大伯父も、今はこちらにいるらしい。

葬送狂騒曲

美那子の祖父の実家は、地元では名の知れた旧家だ。

昔は呪い屋を家業としていた家らしいが、術式は失われて久しいので今はやっていない。

その本家の大伯父の葬儀でのことである。

慣例として一族の葬儀での席順は血の繋がりが優先される。喪主とその子供、次いで一族の本家筋の高位の者、その子供、そして分家でも本家直系に近い者から順に続く。本家に嫁いだとはいえ、嫁は末席になる。

加えて本家の場合、葬儀に伴う宿泊等も喪主が全て手配する。ただ本家の屋敷自体がそれなりに広いので、そこに泊まってもらうのが通例となっていた、のだが。

喪主の伸二は大伯父をして「碌でもない」と言わしめた人物である。一族の慣習を大いに無視してやらかしてくれた。

　喪主の隣に嫁と子供が、その次に嫁の両親、喪主と嫁の友人達を座らせ、あろうことか、一族の長老達を末席に置いたのだ。

　通夜振る舞いもなく宿泊もまた、同じように自分と嫁の友人達や嫁の親族を本家に泊まらせたため、本家筋の長老達をも宿泊させるスペースはないと宣《のたま》った。本家の屋敷は改築のため一部を解体していたので、住居スペースが半分になっていた。故に、そんな余裕はない、と。

　代わりに周辺の宿泊施設の予約や食事の手配をしたのは、分家である美那子の父であった。

　美那子の父と本家嫡男の喪主は、生まれた年も同じなら生まれ月も同じ、生まれた日も数日しか違わなかった。名前も本家嫡男が伸二、美那子の父が真司と、異字同音。父親同士が双子である関係性もあって、この二人は良くも悪くも比べられることが多い。双子の兄である大伯父と祖父は大層仲が良く、真司やその子供達もとても可愛がられた。ただ大伯父とその子である伸二との仲は良好とは言えなかった。そんな中今回、いや、毎回といって良いかもしれないが、株を上げたのは真司だ。

一族のものは真司には親しみを込めて「真ちゃん」と呼ぶが、伸二に対しては一線を引いているのか、他人行儀に「伸二さん」と呼ぶ。心の距離が如実に表れている。

さもあらん、当て付けなのか嫌がらせなのか、大概の面倒事は面倒臭がって放っておいて余計拗《こじ》らせる御仁である。必然的に何かあると、皆「真ちゃん」に相談したし、真司もまたその交友関係の広さもあって大概のことは何とかしてみせた。そのため尚更に「伸二さんには何《なん》言うても無駄たい」という空気が親族間でできあがりつつあった。

通夜と葬儀は地元の葬儀屋に依頼した。葬儀場には通夜のための宿泊施設もあるが、地元の人間でここに泊まろうという者はいない。

ここに泊まると、必ず出る、と有名なのである。どんなに鈍い者でも、確実に「視える」し「聴こえる」らしい。だから余程の馬鹿か無謀でない限り、ここで一夜を過ごすことはないのだが、まあ期待を裏切らないのがこの伸二という人間である。

この男、呪《のろ》い屋の一族の惣領息子であるにも拘らず、「霊など信じない」と豪語する人間である。尤もそちらの素質も皆無であるからそうなのだろうが。

「幽霊の恐ろしかとか、良か歳の大人がつまらんねぇ。あげなもんは気のせいたい。

よか、俺が泊まろう」

皆がホテルに引き揚げる中、そう言い放って一人葬儀場に残った。

妙な話、これが真司であったならば、一緒に泊まり込む者が何人かいただろう。伸二と同じく「視る」「聴く」「感じる」ことがないから素質はない、と本人は思っているが、実はそうではないのを真司以外の者が皆知っている。

真司がいると、そういうものが一切寄ってこない。如何に心霊的被害が激しい場所であろうとも、真司が一歩足を踏み入れた瞬間静まり返るのだ。

ただ、祓うのとは違って単に寄せ付けないだけなので、真司がその場所を離れるとまた元に戻ってしまうのだが。

美那子は祖父や大伯父に似て、素質の点においては一族の血を色濃く継いでいる。まあ所謂「視える」ほうの部類だ。

既にもう色々と視てもいたが、真司がホテルへ戻ろうとしていたので敢えて何も言わなかった。

翌日、葬儀場に赴いた本家筋の親族達の前に姿を現した伸二は、恐ろしく顔色が悪かった。何とも歯切れが悪かったが、どうも眠れなかったらしい。何故か、というのは本人が言いたがらなかったし、こちらもわざわざ訊くつもりはない。まあお察し、という奴である。

本家に泊まった者達もまた、一様に顔色が優れなかった。聞けば、解体されている家屋のあった辺りから一晩中話し声や笑い声がしていたという。

伸二は大伯父が入院して間もなく、大伯父に相談することなく家屋の改築を決めた。そこには大伯父や祖父以外の入室が許されていなかった、例の「用途の知れない部屋」がある一角が含まれていたが、「親父が死ねばどうせ俺のもんたい」とさっさと取り壊した。

そこに祀られていたものは、大伯父や祖父の姉に当たる人の次男、伸二や真司から見れば従兄になる光彦が、見るに見かねて引き取ったらしいと後から聞いた。

光彦は素質や能力でいえば大伯父や祖父に次ぐ。もし大伯父や祖父に子供が生まれなければ、間違いなく本家を継いでいただろうとも言われている。

「用途の知れない部屋」だけでなく、伸二は庭も潰している。憧れの、池のある日本庭園を造るのだと言って、土地神の祠があったのも構わずに。先祖がここに屋敷を建てる折にわざわざ招いて祠を祀ったというものだが、それも一切合切、光彦が引き取った。

その後、完成した日本庭園は裏山が崩れて土砂に埋まった。完成後僅か三日であった。なのでまあ、これもお祭し、という奴なのである。

さて、葬儀が始まり、読経の最中のことである。どうも喪主の様子がおかしい。何だか落ち着かないようである。

焼香では大きく肩をビクつかせていた。うっかり燃えているほうに手を突っ込みそうになったらしい。後ろで見ていた者達が笑いを堪えている。

伸二が途中で席を外した。なかなか戻ってこない。そうこうしているうちに喪主の挨拶となったのだが、肝心の喪主がいない。

待たせる訳にもいかないので、真司が代わりに挨拶した。そのすぐ後に伸二が戻ってきた。実にタイミングが悪い。

「トイレに行っとったっちゃ」

我慢ができなかった、と。そういうのは葬儀の前に済ませとけよ、子供か。

真司が思わず半眼になったのを見て、美那子は笑いそうになったが場所が場所なので頬の内側を噛んで堪えた。

告別式が終わり出棺の後、焼き場への移動のために用意されたマイクロバスに乗り込む。美那子は一番後ろの座席に座った。

「全員揃うたねー？　乗り遅れた奴は置いてくばーい？」

「そげな奴ぁおらんじゃろう」

少しおどけた調子の真司の言葉に笑いが起きる。和やかなムードでバスは出発した。

「ねぇ」

五分も経たぬうちに、隣の座席から声が上がった。

「あれ、喪主じゃねぇと？」

言われて後部の窓から外を覗く。

喪主が走っている。

米国最速の黒人ランナーもかくやのフォームで、遺影を脇に抱えて、必死の形相で追い縋っている。

「停めんばかねぇ」

「停めんばやろうやぁ。……一応喪主やけん」

「もう気付かんかったことにしょうや」

「そげな訳にもいかんめえもん。……喪主やし」

「真ちゃんがおれば、もうそいでよかっちゃねぇ？」

喪主、散々な言われようである。取りあえずバスを停めたのはいいが、定員は一杯だ。誰も代わりに降りようという者がいない。

大体、喪主は家族とともに先にリムジンで出ていたはずなのである。なのにどうして遺影を抱えてバスを追いかける羽目になっているのか。また、喪主家族も何故、主人を置いていったのか。

「しょんなかねぇ」

渋々真司がバスを降り、駐車場に駐めてあった自分の車を出すこととなった。

美那子はバスに残ったので、真司と伸二が二人っきりで移動する車の中でどんな話をしたのか分からない。ただ、車から降りてきた父は大層疲れた顔をしていたので、車に乗り遅れたのもしょうもない理由なんだろう、とは察した。

焼き場に着いて、順番を待つ間少し時間があった。遺影を妻に渡して伸二は煙草を吸いに行く、とその場を離れた。

二度あることは三度ある。人はそれをフラグ、という。

納めの式が始まっても、伸二は戻ってこなかった。読経の中、焼香を終え、火葬炉のボタンを押す段になっても帰ってこない。

「喪主様、お願い致します」

そう声を掛けられ、真司が代わりにボタンを押した。

火葬が終わるのを待つため控え室に入った頃、漸く伸二が戻ってきた。顔色が悪い。

「トイレの戸が開かんくて」

一服した後、腹が痛くなり個室に入ったところ、戸が開かなくなった。押しても引いてもびくともせずに、戸を叩いて助けを呼んでも誰も来なかったらしい。そして先程、あれほど開かなかったのが嘘のように、急に開いたのだと。

収骨だけは何とか参加できたが、殆ど真司が喪主を務めたようなものだ。

「本家の爺ちゃん、余《よ》っ程《ぽど》、伸二さんを好かんとやねぇ」

実にしみじみと、光彦が呟いたのが印象的だった。

度重なる

度々紗和が世話になっている呪い屋の「フキ」は、紗和が十四歳の頃に代替わりをしている。「フキ」という名は、どうやら屋号のようなもので代々継承していくものらしい。紗和は今代のフキがその名を継ぐ前に何をしていたのか、何という名だったのか知らない。

どんな方法かは分からないが、代々の「フキ」が守護に回り、能力を強化、継続していくという類のもののようである。

紗和も候補の一人だったようだが、知らぬ間に先代が候補から外していたらしい。

「普通に生きられるなら、そうしたほうがいい」

先代は口癖のように紗和にそう言っていた。

五、六年前から霊に関わる怪異に遭遇することが減った。「このまま放っておけばヤバいものに育つ」又は「そういうものを憑けた人」をあまり見かけなくなった。

逆に「こんなふうになる前に誰かが気付いたはず」という土地や建物、品物を見かけることが増えたと思う。

「人が抵抗しなくなっとる」

そうフキは言う。これまでなら、相談に持ち込まれていたようなものにすら抵抗せずに亡くなるのだと。だから被害が把握できなくなり、逆に出くわしたときは既に手遅れになっている。

「出くわした本人が死んどるんじゃ。誰が『怪異に出くわした』話をする?」

同じように「何とか祓える」ようなものが減って、命懸けの相談が増えたため祓い屋を辞める者が増えた。

「儂らみたいに『代々そういう契約』のもんしかおらんようなっていっとる」

それは結構怖いことなのではないか。

「だからお前も、手に負えんと思ったら断れ」

何度も釘を刺された。

紗和の今の職場での仕事上のパートナーは、松浦という男だった。

父親、母親と去年から立て続けに亡くし、半年後には持病の緑内障が悪化した。その上難病指定されている病に冒され、現在は部署を移動している。

元々は北九州の出身で実家もそちらにあるが、就職と結婚を機に会社のある地域に家を購入し、実家のほうには殆ど帰っていないらしい。息子二人も現在の居住地に近い大学に進学し、就職している。

「実家なぁ、僕が定年退職するまで帰る予定ないんよ。カミさんもこっちにしか知り合いおらんし、売ることになるやろなぁ」

初めに脳溢血で父親が亡くなり、一カ月後に母親が舌癌。松浦自身は目の難病だ。

「呪われてるんじゃないかって思うんや」

冗談交じりにそう零していた。確かにそこだけを見ると、傍からはそう見えないこともないが、何かが憑いているという様子もない。稲荷も箱の女も反応がないので、あまり気にしていなかった。

「気のせいですよ」

だからそう言って、聞き流していたのだが。

「厄払いにでも行こうかなぁ」

この日も松浦は溜め息交じりにボヤいていた。

「そうですね、やってもらったという気持ちだけでも違いますから」

気休めにでもなれば、とそう返事をした。

「遺産手続きとか大変でなぁ。行方不明の姉もおるから、もう訳が分からん」

それは、大事ではないだろうか。

「いや、行方不明になったんはもう五、六年前やから」

「そうですか。御無理はなさらず」

「ありがとう」

偶然にしては重なり過ぎている。だが、やはり本人からは何の気配も感じない。念のため、それとなく家族の様子を訊いてみたが、特に気になることはないようだった。

「九州の実家、売ることにしたんやぁ」

少し経って、そんな話をした。農機具置き場にするために買い足した家と、元々の実家と農地があるため、ちょっと纏まった休みを取るらしい。

「コンバインとかトラクターとか、置き場も大変ですよね」

「そうなんよ。あ、そういえば」

農機具置き場になっている家を買った後に、姉が行方不明になったと、松浦は思い出したようにそう言った。

「え、まさかその家から出てくるとか嫌ですよ」

「それはないわー。いなくなったときに探したから」

それで使わなくなっていたのもあるらしい。まあ、普段住んでいない持ち家など、如何にも怪しいから真っ先に探すだろう。それぐらいの認識で軽く流していたのだ。

「使わなくなった家の掃除って、結構大変ですよね」

「いいや、親父が最近、人の田圃まで請け負うようになって使い始めてたから、掃除もしてあって綺麗なんやけど」

「ああ、そうなんですか」

そう相槌を打って。

「そこなぁ、家の横に前の持ち主の墓があって」

元の持ち主は父親の知り合いだが、もう親戚もいないようで無縁仏となっている。

生前、知り合いが死んだ後の、先祖代々の墓の処分や無縁供養等の手続き込みで、安く譲ってもらったようだ、と。

そう話を聞いた途端、古びて朽ちかけた小さな祠のようなものが頭の中に浮かんできた。ざわざわと、あの箱の女の気配がする。背後から笑い声が聞こえた。

「松浦さん、実家は海の近く？」

「おお、そうよ。言うたっけ？」

「いいえ。うちの母方の祖父が漁師をしているんですが」

「へぇ、そうなん」

さり気なく。不自然に思われないように。

「漁師さんって、独特の風習があるじゃないですか」

「そうやね」

「そのお墓、供養するとき敷地内に他に祠とかがあるかどうか、あったらきちんと手順を踏んで移動してもらったほうがいいですよ」

幾らパートナーを組んでるとはいえ、まさかただの会社の同僚に言える訳がない。

その農機具置き場の家に祠がある。その家の御先祖様が、海で亡くなった人から衣類だの貴重品だの髪だのを剥ぎ取り、申し訳程度に供養したものだ、などと。

いや、それすらも建前でしかなく、寧ろ祠に祀ること自体を目的としていたような雰囲気さえある。「海で亡くなった人が流れ着いたから供養する」という大義名分の許で。

大体、長く海を漂っていた遺体だ。普通は潮に流されて、衣服や貴重品がその身に残っているかどうかも怪しい。

異様なのは、そこに祀られているのが恐らくは「頭だけ」だということ。頭だけを祀り、首から下は山に捨てている。何かの儀式めいているが、そんな儀式は見たことも聞いたこともない。少なくとも、紗和は知らない。

正式な呪法ではないにしろ、どう考えてもそれは死者を冒涜《ぼうとく》するための手法だろう。況してやそれが祟っている、など。松浦の父親の知人は、よくもそんなところに平気で住んでいたものだ。

それから数カ月が経った頃。松浦の実家の処分が終わったらしい。

行方不明の姉が見つかったと、松浦が教えてくれた。実家近くの海で。例の農機具置き場の家を更地にした翌日だった。

引っかかっとったんが、何かの拍子に流されたんじゃろうって話やけどなぁ。何年も見つからんかったのに、な。

そう呟いた松浦の目は宙を見ていた。

松浦は目の病気を理由に部署を移動した。彼の度重なる不幸は終わったのだろうか。

床下の金庫

十年以上前、紗和が建設会社で働いていたときのこと。

「紗和さん、悪いけど施工主に連絡してくれる？」

従業員から「若」と呼ばれている社長の息子から電話があったのは、夕方近くになってからのことだった。この日は朝から若を含めた殆どの従業員が、ある施工主の旧宅の解体作業に出ていた。

「どうしました？」

「床下から金庫が出てきちゃった」

「あー、了解しました」

金庫はなかなかあることではないが、床下から隠していたものが出てくることは珍しいことではない。開けられるようなものであればその場で確認して後日施工主へ引き渡すのだが、金庫ともなると信用問題にも関わってくる。開けるにしても移動するにしても、その後の引き取りも含めて施工主了承の許、立ち会ってもらう必要があるのだ。

「手持ち金庫とかです？」

「いいや、でっかいの」

若の説明によれば、高さ百センチ、横幅五十センチくらいはある据え置き型らしい。

ああ、これは個人で廃棄するのが面倒臭い奴だ。

「だからその辺も含めて連絡してあげて」

そう言って電話は切れた。今回の施工は旧宅解体込みで、当然産廃の手続きも済んでいる。その場で立ち会ってもらって中身を出して、金庫は産廃として捨てるのが施工主にとっても一番楽だろう、という判断である。早速施工主に連絡を入れる。明日の夕方現場に来ることになった。

元々施工主は、両親が建てた家が古くなったために新築する予定だった。旧宅の持ち主が身内でなかった場合となると厄介だが、紛うことなく身内である。金庫の中身の権利関係も問題ないだろう。金庫、と聞くと、やはり人間ある程度の期待をせずにはいられないようだ。

翌朝、産廃用の書類を持って現場に来てほしい、と所長から連絡があった。声が酷く疲れている。

「あれ、例の金庫ですか」

見るからにデカい。

「中身、何だったんですか」

興味津々に訊ねると、所長は一つ大きく息を吐いた。

「見ないほうがいいよ。多分できるだけ触らないほうがいい。あれは、駄目な奴だ」

中身は仏具と、空の手持ち金庫が六つ。

「それだけ？」

「そう、それだけ」

「仏具って線香立てとかお鈴とか？」

「そう」

振り返って金庫を眺める。どっしりとした黒い鉄の箱。仏壇のようだと思ったのは、中身を知ったせいだろうか。最年長の職人が中身を捨てるため慎重に金庫の扉へ手を掛ける。

一番上の段に手持ち金庫が一つ。二段目に二つ。真ん中に一つと、お鈴等の仏具。下段に二つ。床下には倒れた状態で置かれていたのか、中身は散らかっていて偏ったり倒れたりしている。ふと、思った。

頭、手足、胴、両足。まるで人の身体のような――。

気味が悪くなった。さっさと所長へ産廃の書類を渡して帰ろう。そう思ったとき、背後でどよめきが上がった。何事かと振り返る。倒れかかった金庫の下敷きになりそうになった職人が地面に伏せるのが見えた。

「大丈夫か！」

「何してたんだ！」

現場は安全第一だ。金庫が倒れるようなぞんざいな扱いはしない。置くときも倒れないようにきちんと確認したはずだ。実際金庫の下には足場のバランスを崩すことのないよう、わざわざ木板が敷かれていた。

「何で倒れてきたんや」

「若、水平確認したか」

「したよ。したけど、万全にするために板を敷いたんじゃないか」

「こんなん、ちょっとぶつかったくらいじゃ倒れんぞ」

職人達の顔色が悪くなった。騒然とした中、こういう現場に慣れっこな所長が、ぱん、と一つ手を打った。

「お前ら、今日はもう上がりだ」

そう宣言する。

「明日は皆、朝一に神社でお参りしてから現場入りするから、現地集合やのうて本社集合な」

翌日の指示を出して、所長は最後に「解散」と締め括った。

職人達が各々車に乗り込む様子を眺める。

「紗和ちゃん、どう思う」

所長はそう言いかけて首を振る。

「いや、俺らも帰ろか。無理言うて悪かったね、気ぃ付けて帰りや」

「……はい」

翌日、所長は本社に来なかった。夜中に娘が脳溢血で緊急入院したのだ。まだ小学校低学年の子供だった。

紗和が一人の事務所に続けて連絡が入った。

一人親方の腕利き職人が駅の階段で転んで右手骨折。

昨日、金庫に押し潰されそうになった最年長の職人は、左手を車のドアに挟んで指を骨折。

電話対応している間に「おおーい」と外から声がした。見に行くと専務が事務所の階段を踏み外して左足首を捻挫していた。

残りは右足と胴体だ。ぞっとした。

若を呼んで専務を病院へ連れて行ってもらっている間に、本日の施工が遅れる旨を説明するために施工主の携帯電話へ連絡する。出たのは施工主である御主人ではなく、夫人であった。

「お世話になっております、○○製作所です」

「ああ○○さん、昨日主人がそちらから帰ってくるなり心臓発作で倒れて、今病院なんです。急ぎでなければまた後で」

こちらが言い終わるのも待たず、慌ただしくそう言う。

「失礼しました！　日を改めてまた御連絡致します！」

たった半日だ。どうせ今日は仕事にならない。暫し考えて、会社に近い、氏子をしている神社に連絡する。

「早くに申し訳ありません。○○製作所です。御祈祷のお願いと、御札……のほうは今からでも受け取りに伺いたいのですが」

「おや○○さん、ちょうど良かった」

神主が朗らかな声で返す。昨夜何だか気になって、新しく御祈祷した御札を用意した、とのこと。

「○○さん用だったんですね。ええ、お越しください」

この神主は非常に勘が良い。普段「私はそういうのは全く分かりません」とからから笑う割に、初対面で紗和に向かって「あなた、呪われていらっしゃる」と言うくらいには。

神主からの返事に早速車のキーを掴んだ。だが、何だか気が乗らない。歩いて事務所を出た。生憎この日は、数日前から雪が降ったり止んだりで道路はアイスバーン状態だ。車はなるべく避けたかった。

歩き出してすぐ、車で出たなら必ず通る会社の門扉へ、黒いワンボックスがかなりの勢いで突っ込んできた。戻ってワンボックスの運転手の連絡先を聞き、門扉の損壊具合を確認。社長にその旨連絡を取った。

相当に疲れてはいたが、どうしても行かねばならなかった。神社へ足を踏み出す。神社の外で神主が待っていてくれた。

「ああ、お疲れ様です、紗和さん。まっすぐな道程ではなかったようですね」

やはりこの神主は勘が良い。

「だが、あなただからここまで来られたのでしょう。さ、どうぞ」

差し出された御札を受け取る。

「ありがとうございます」

いつも通りに初穂料を渡して踵《きびす》を返した。神主本人は「何の特別な力もございません」と言うが、ここの御札はかなり効く。

本社へ戻り、どうにか無事に職場へ辿り着いた職人達を連れて再び神社へ。御祈祷を受けてもらって、御札を持たせた。

「いいですか、現場であの金庫の中に入れてくださいい。絶対ですよ」

一番運の強い職人に渡しながら、そう念を押す。紗和が行って御札を置くのが確実だが、月末業務が溜まっていて会計士が来社予定だ。現場に行く暇などなかった。

気付けば既に昼過ぎ。食事をしている暇もなかった。流石にそれもどうかと立ち上がったタイミングで電話が鳴った。所長だ。

「ごめんね、紗和ちゃん。娘の病院の玄関先で転んでな、僕も右足を骨折してしまって、暫く動けそうにない」

「――揃った」

「え？　何？」

「いえ、娘さんも所長もお大事になさってください」

全身揃ってしまった。何故かそう確信した。これからもっと酷いことが起きるのでは、と身構えた。しかし、懸念とは裏腹にその後の解体作業は順調に進んだ。

ただ、施工主であった御主人は亡くなってしまい、更地になったその場所は売り払われて、大手建物管理会社のマンションが建つことになった。

幸いなことに所長の娘は持ち直した。だが、その後も経過療養を余儀なくされている。

三年程経った頃、所用で例の現場に建ったマンション前を通ることとなった。夜の十時過ぎ、マンションを仰ぎ見て思わず呻く。窓に貼られた未入居を示す紙と、そこにだけ灯っていない灯り。

最上階のど真ん中。

その下の階の左右の端。

その下の階の真ん中。

一階の左右。

灯りの点いていない部屋は、あのとき見た空の手持ち金庫と同じ。

入居者募集中の看板が風に煽られて立てる音を聞きながら、紗和はその場から逃げ出した。

螺《ら》鈿《でん》の蝶

二十歳くらいの頃、紗和は建設資材の営業の仕事をしていた。

当時の取引先だった祥子は尊敬できる仕事の先輩であり、紗和は姉のように慕っていて、祥子もまた紗和を可愛がってくれた。紗和にとってはとても良い関係を築けていたと思う。

そんなある日、現場の一角に薄く布を張ったようにそこだけ一段暗い場所があった。

何だ、あれ――。気味の悪さに近付かないでおこうとしたそれが、ゆっくりと自分に向かって移動してくる。現場内の人間が歩けるスペースを動いているところを見ると、あの黒い靄は誰かに「掛かって」いるのか。

「紗和ちゃん、こっちこっち。来てたならメールしなよ～」

養生された足場の向こうから明るく話しかけながら歩いてきたのは祥子だった。ぞわりと肌の表面を撫でるような気配。真衣の家で見た「あれ」の。

「祥子さん、……最近何か、箱を手に入れた？」

「箱？」

「そう箱。もしくは箱状のものを見たり、触ったり、譲られたりしました？」

「え〜？　何それ。覚えがないなあ。何よぅ」

きょとり、と祥子は首を傾げた。

「いえ、ないならいいんです。もし箱を貰うことになっても、絶対受け取っちゃ駄目ですよ」

おかしな発言だというのは重々承知している。だからそれ以上は何も言わずに仕事の話に切り替えた。

「お疲れ様」

「御安全に」

その後は何か言われることなく、現場でそう挨拶して別れて約一カ月経った頃。休日だったその日、紗和の仕事用ではない個人の携帯電話に祥子から電話があった。

「どうしました？」

「ごめんね、社長に個人携帯の番号聞いちゃった。会社携帯だとどうしても繋がらなくて」

「え？」

「申し訳ないんだけど、週明けに半日くらい時間貰える？」

――箱だ。直感した。項《うなじ》の辺りをちりちりと這い上がる、逃げ出したくなるような「何か」の。「あれ」の気配だ。

「分かりました。半日、ですね。お伺いします」

電話を切って目を閉じ、呼びかける。

「稲荷」

返事も気配もない。

「何かした？」

答えない。つまりは答えられないのか、今は。逃れられないのだろう。

物事には「流れ」のようなものがある。一度その波に乗ってしまうと押し流されて行き着くところまで行かないと対処もできない。故に稲荷はそういうものには逆らわない。今回もそうなのだろう。

週の予定を調整して、祥子の許へ向かったのは四日後だった。

社用車で向かう先の空が、他の場所より薄っすらと暗い。祥子の会社がある方角だ。ビルが見えてくると、それが顕著になった。ビル全体のみならず、社屋ビルの上の空までどんよりと暗い。

行きたくない。

上腕から前腕へ。指で少しずつ撫で下ろすように、ず、ず、ず、と何かが表皮を這う感触がする。ああ、「あれ」が来た。

強烈に帰りたい思いが込み上げる。それを堪えて来客用の駐車スペースに車を駐めた。一階の受付へ行き、顔なじみの受付嬢に祥子を呼んでもらう。が、内線電話の調子が悪いのか、暫くすると首を傾げてフックを指で押さえ、また内線ボタンを押す、という動作を繰り返す。

稲荷の仕業ではなさそうだ。だが、表の様子を見ても紗和が勝てそうには思えないのに、妨害されている。ということは、祥子さんに関わっているものは「あれ」と相見《あいまみ》えたくないのか。

「忙しいのかな？　じゃ直接上に行って呼んでみます」

顔なじみの気安さで受付嬢にそう伝え、エレベーターへ乗り込む。祥子がいる階のボタンを押すが、表示された数字は滅茶苦茶だ。部分的な点滅は数字ですらない。とにかくエレベーターが止まった階で下りた。祥子のいるフロアの五つ上だ。

仕方なしに階段を下りる。途中の防火扉が閉まっていた。その後漸く祥子のいる階に辿り着いたが、今度は階段からフロアへ通じるドアが開かない。どうにかそこを抜けて、疲労困憊《こんぱい》で事務所の扉を開けた。

祥子は何故か裸足だった。いつもはきちんと整えられている髪も乱れている。泣きそうな顔で紗和を見た。

「お疲れ、紗和ちゃん。ありがとね、外でお茶でもしようか」

ああ、社内にいたくないのか。そう察して頷いた。エレベーターへ移動してボタンを押す。一向にエレベーターが来ない。

「ああもうやだ、何でぇ」

しっかり者でいつもバリバリ仕事をこなすやり手の祥子が、座り込んで吐き出す。これまでに何か相当のことがあったのだろうことが容易に窺えた。

「祥子さん、これに名前書いてください。フルネームで」

塩と酒で清めた和紙とペンを渡す。祥子から電話を貰ってから、一応準備はしてきたのだ。書いたものに三回息を吹きかけてもらう。

「これが落ちてても、不自然じゃないところがあればいいんだけど」

「そこの給湯室にゴミ箱があるけど」

「あ、それはいいですね」

祥子と一緒に給湯室へ行き、ゴミ箱の一番上に名前を書いた和紙を置く。

「行きましょう。多分もう出られます」

エレベーターまで戻ると、今度は普通に動いていた。そのまま乗り込んで移動して、歩いて近くのカフェへ入った。

「箱、貰っちゃった」

注文が済むなり、祥子はそう切り出した。

ああ、やっぱり。

紗和が落胆する脇で、祥子は鞄の中を探って何かを取り出した。掌に収まるくらいの、小さな黒い。

「うわっ」

祥子の手にしがみついた、五歳くらいの子供と三十代と思われる女の顔があった。身体は薄く細くテーブルの下へ消えているが、にゅっと伸びた顔と手だけが祥子の手にしがみついて薄ら笑いを浮かべている。祥子の手の中のものからなるべく目を逸らす。

「それ、この袋の中へ」

祖母の着物の切れ端で作った袋だ。中に塩と米と小豆が入っている。普段持ち歩いている御守りと中身は同じである。

「あまり素手で触らないほうがいいですよ」

御守りの袋を祥子に渡す。祥子はハンカチをテーブルに敷き、その上で袋の口を開けた。手の中のものを袋の中へ落とす。

ぱつんっ。

御守り袋が弾けて、ハンカチの上に塩と米と小豆、「それ」が落ちた。

ジッポーライターくらいの大きさの四角いそれは、螺鈿で蝶の細工が施されていた。

ふう……。

髪が揺れた。誰かが紗和の後ろで深く息を吐いた。そして狂ったような笑い声。

「え？　何？　この声、どこからしてるの？」

紗和の座る重そうなソファーは壁にピッタリくっついている。後ろに人がいるはずがない。それなのにどう考えても笑い声は紗和の後ろから聞こえている。

――出してあげようか。

笑い声とともにそう聞こえたのは、紗和にだけだろうか。

「祥子さん、このまま直帰するって会社に電話してください。私もそうします」

これは紗和には無理だ。

「知人に頼みましょう。今すぐです」

祥子が電話をするのを見ながら、紗和も会社へ電話を入れた。紗和はそれに触れることができないため、零れた塩ごとハンカチにそれを包んで持つよう祥子に指示する。

「叔母さんが亡くなって、それを形見分けと渡された？」

「え、ええ」

「叔母さん、流産なさった」

紗和の言葉に祥子が頷く。

「その後体調を崩されたんですね」

「そうよ、何で知ってるの」

「その箱、母子の霊が憑いてます」

　正確には霊、というより怨念だ。その母子の無念だけを抽出したような、それ以外の感情が全く感じられない。幽霊、と呼ぶにはあまりに空虚だ。感情の発露に諸々伴うはずのものがごっそり削ぎ落とされている。それなのに恨みだけが鮮明だ。

「あれ」が静観しているのも変だ。以前、無抵抗な子供の霊を甚振《いたぶ》って弱らせたところを踏み付け、潰してしまったのを見たことがある。「あれ」は共食いするのだ。自分より弱い霊を痛めつけて苦しませ、その憎悪や恐怖や苦しみを吸って強くなる。それを楽しんでさえいるようだ。だが今回、知らん顔だ。「あれ」が当てにならないのなら、紗和が頼れるのは一人しかいない。携帯電話に指を滑らせる。

「フキばあちゃん、助け」

「馬鹿者！　電話なんぞしとる暇があったらすぐ来い！」

　言い終わらぬうちに電話が切れた。来るなとは言わなかった。行ってもいいということだろう。

「祥子さん、行きましょう」

「どこへ？」

「私がお世話になった呪い屋の方のところです。それを預かってくれそうな人は、その人以外知らない」

フキの住む山は、当時の紗和の居住地域からは県を跨がなければならない。帰りはどんなにスムーズでも真夜中。悪くて朝帰りか。下手をしたら——。

嫌な予感に囚われた紗和はそのまま次の日まで有給を入れた。

「祥子さんも明日お休み貰ったほうがいいですよ」

場合によっては、三日くらい帰れないかもしれない。

「ええっ？　困るわ！」

「呪い殺されるよりマシですよ」

そう言われて、押し黙る。祥子にしてみたら、何が何だか分からない状態だろう。

携帯電話を手にしたまま唖然としている。

紗和はここからの道筋を思案する。遠出をするのだから、社用車をそのままにはしておけない。返しに一旦会社へ戻らないと。そこから高速を使って。

「祥子さん、電車通勤でしたよね？」

「ころ、殺されるって何？　叔母さんは殺されたの？」

漸く我に返ったのか、祥子は紗和に問い返した。

フキは容赦がない。言葉を濁したり遠回しに匂わせるということをしない。フキから聞かされるよりは、紗和から説明したほうがいいかもしれない。祥子を社用車に乗せて会社に戻り、自分の車に乗り換えてそこから高速道路へ向かう。長いドライブの間、紗和は自分が分かる部分を話した。

「そういう箱、稀にあるんですよ」

祟りや呪いがある代わりに祀る者へ富を齎《もたら》す。だが、そうそう作れるものでもない。その上、それなりの代償が必要であるがために、維持するのに相当の労力が掛かる。維持できているうちはいいが、それもできなくなると他人の手に渡る。そうなると元はどうやって祀られていたのか、その方法は分からなくなり、富ではなく呪いを齎すものとなる。

それなりに裕福な知人から、祥子の叔母は何も知らずに受け取った。細工も細やかで質の良いものであるし、御守りか何かだと言われたのだろう。

一番弱いお腹の子供が最初に犠牲になった。流産で弱ったところで叔母が。

そこまで説明して、紗和は一区切り置いた。

「ところで祥子さん、お聞きしたいことがあるんですが」

「……何」

祥子が目線を紗和に向ける。

「叔母さんがその箱をどなたから戴いたか、知っているんじゃないですか。そして多分、叔母さんにそれを渡した人間から、形見分けだと押し付けられた。違います？」

祥子は黙って答えない。祥子の叔母にそれを渡した人物は、これが祟りを齎すものと知っていた。この箱は虚ろで綺麗過ぎる。恐らくは人工物だ。人を、呪うための。

だから「あれ」は興味を示さない。寧ろ解放しようとさえしていた。それならさっさとフキに祓ってもらったほうが良い。だから稲荷も対処しなかったのだ。

プロが作った怨霊ならプロへ頼むのが一番。人工物ならば、フキに任せるのが確実だ。

「どうして紗和ちゃん、そんなことが分かるの」

「さあ。浮かんでくるんですよ。見せたがっているんでしょうね」

紗和はフキのように、相手が隠しておきたいものまで無理矢理暴いて見る、ということはできない。だから、向こうにとって不都合な情報は紗和には見えないのだ。

「それができる人は本当に少数です。だから私には対処できない」

ごめんなさい、と頭を下げる。祥子は首を横に振る。

「私こそごめんね、巻き込んでしまって」

「いいえ、割と慣れてるので」

「慣れるほど――こういうの、あるの？」

「まさか」

こういうものは普通、大事に祀られていて外には出ないものなのだ。フキが言うには一生のうち二、三回見るかどうからしい。

「私はその手の箱に好かれているので」

車内の気配が重く濃くなっていく。「あれ」が楽しそうにはしゃいでいる。稲荷は出てこない。

帰れるものなら、箱なんか放り出して帰りたい。だが、それをしてしまったら、己は「人」ではなくなる。生きていないものに囲まれ過ぎて、多分普通ではなくなっているから。

だからこそ、祥子を見捨ててはいけないと、そう思った。

高速から一般道へ下り、どんどん山奥に入っていくのを見て、祥子は不安げにこちらを窺った。

「ねぇ、こんなところに人、住んでるの？」

「もうすぐですよ」

本当に車が入れるのか心配になるほど深い山道を進む。突然、視界が開けた。目の前には、こんな山奥にあるとは思えないような、意外に立派な平屋が見える。表に幾つも掲げられた松明に照らされ、玄関にはまっすぐに立つ小さな体躯の老女の姿があった。

「フキばあちゃん」

「お前はこの、一生に何度も見んようなものばかり連れてきおって、馬鹿垂れが！」

顔を見るなり一喝された。

「ごめんなさい」

「禍物は！」

「祥子さん、箱ください」

「えっ、ああ」

呆気に取られていた祥子が、促されて鞄を開く。刹那、小さく悲鳴を上げた。

「どうしました」

鞄の中のハンカチは、泥の中に何十年も埋まっていたかのように黒ずみ、汚れて煤けている。フキは和紙を掲げ持ち、そこへ箱を置くよう言った。

目を閉じて暫く、眉間に皺《しわ》を寄せている。

「助からんぞ」

「えっ、ちょ、フキばあちゃん」

ぼそりと落とした老女の声に、紗和が慌てた。

「阿呆！　この娘っ子やないわ」

では誰が。祥子は俯《うつむ》いて唇を噛んでいる。

「これを――、祥子さんにくれた人、ですか」

「欲を掻くからだ。嫁御が死んだとき言われた通りに落とせばよかったんじゃ。まぁその落としも間違っとるから、初めから助からん」

何の話か分からない。だが、祥子は助かる。それを聞いて小さく息を吐いた。

平屋の中は一般の民家という感じではなく、何かの道場のような造りになっている。土間から上がった先が広い板の間で、その奥にフキが祀るもののシンボルと祭壇の置かれた小部屋がある。

「お前も娘っ子も清めてこい」

フキに言われるままお清めを済ませる。何度も来ていて勝手を知っているので、着物と袴を出して着込む。呪いが祥子を判別できなくなるのを防ぐため、祥子にはもう一度、来るとき身に着けていたものを着てもらう。

暫しフキの上げる祝詞を聴く。祝詞を上げ終わるとフキは向きを変え、祥子へと躙《にじ》り寄った。

「これはな、わざと中を空洞に作ったものだ。だが、蓋はない。閉じてしまっている」

そういう空洞に神様が宿る、のだという。普通ならそれは御守りになるが、これに呪いを込めると意味が違ってくる。

「それでも普通は簡単に呪いなんぞ込もらん。人は意外に忘れっぽいでな、何年も同じようには呪えんもんじゃ」

ところが、稀に成就する。十年、二十年、三十年、四十年、五十年と、ずっと恨み呪い続けることができれば。成就するとすぐに分かる。箱を振ると空洞のはずのそれから音がするのだ。それで『成った』と分かる。

「これはそういうものだ」

フキの説明に紗和は倒れ込みそうになるのを必死に堪えた。フキは祥子に向かって話していながら、その実、紗和に向けてもいるのだ。「あれ」もそういうものの一つなのだと。

「大抵は子供を喪った母親の恨みや呪い、無念や我が子への想いが宿って成る。成って最初に食われるのは母親だ。だからこの手のものは女に憑く。子が母を乞い、母が子を乞う」

カフェで視たものを思い出す。祥子の腕に纏わりついていたのも、母と子だった。

「自分の身は安全だと聞かされたんだろう」

どうやって手に入れたのかまでは分からないらしい。

「偶然手にした馬鹿から買ったか、プロとは呼べんような阿呆から買ったか」

吐き捨てるような、随分な言い様である。

「五十年掛けて呪ったものは、五十年掛けねば鎮まらんのが道理だわな」

これは儂が預かろう。

祥子は黙って俯いていた。これを仕掛けた人間が誰なのか、紗和にも何となく察しが付いてきた。そんな訳の分からないものに身内を殺される理不尽は計り知れない。

俯いたままの祥子の肩が小刻みに震えている。ハンカチを取り出し、差し出そうと近付いて手が止まる。祥子は薄っすらと笑んでいた。

「自業自得ですよあの男は。助からなくて結構です。叔母さんが死んだから、長年不倫していた相手と結婚するつもりなんでしょう」

——罰が当たればいい。

怖い。そう思った。己の知る祥子とは別人のようだ。

——ぞわり。背後から両手の上腕を指先でなぞられるように気配が這い上がる。

「たわけ！」

怒鳴られて弾かれたように顔を上げる。

——気を失った？　いつ？　どのくらい？

フキが何かを抱え込んでいる。フキの腕の中でバタバタと暴れている、それ——。

「ぐああああああああ！」

獣のような咆哮《ほうこう》を上げていたのは、血塗れの祥子だった。

何で。どうして。

混乱したまま周囲を見渡す。祥子の血で汚れている板の間。踏まれて磨き込まれて飴色になった板の上、螺鈿の蝶の羽が半分になっている。

割れた小さな箱の中には、からからに干涸《ひか》らびた梅干しの種みたいなもの。違う。梅干しの種じゃない。頭ばかりが大きくて、目があるべき場所が窪んで皮膚が張り付いている、自分の膝を抱えた赤ん坊のような——。

ひゅーひゅっひゅー。

叫びは声にならずに、空気が喉を通り過ぎる音だけがした。思わず己の口を押さえた紗和の目の前、祥子が種のようなそれを足で踏み付けた。

響き渡る甲高い女の、狂乱した哄笑。

「あれ」が笑っている。お祓いをする場である祭壇の部屋で。

いや、フキが祓えないのだから当たり前か。

祥子が床の上に崩れ落ちた。反射的に助け起こそうと手を伸ばした。

「祥子さん!」

「触るな！」

フキに蹴り飛ばされた。

「中身はお前の『箱』じゃ！　たわけ！」

意味が、分からない。ただ、そう言われて床に目を落とす。床の上で片羽をもがれた螺鈿の蝶は、最初からそうであったかのように真っ黒な羽に変わっていた。

「うわう！　あははっ！」

自分で顔を床に打ち付け、けらけらと笑い続ける祥子はもう、紗和の知っているその人ではなかった。

「お前は帰れ」

そう言って、フキは追い払うように手を振った。

「ばあちゃん」

「自分も、箱も、馬鹿男も、壊すことを選んだのは娘っ子自身じゃ。同情するな」

お祓いは失敗したのだ。

「お前のほうの箱が最初から狙っとったのは娘っ子のほうだ。胎《はら》に恨みを溜めとった。儂もお前もまんまと利用された」

老女は苦いものを飲んだような顔をしていた。納得はしたけれど、それが真実かは分からない。

祥子は子供のように無邪気に遊ぶだけの人になった。五年程経ったある春の日、窓の外を舞う蝶を捕まえようとして転落し、亡くなった。

あれからも「あれ」は時々、こちらを見ている。

初戀

「姪っ子が貰った人形が何だかおかしいの」

親友を通して高校の先輩から相談を受けたのは、紗和が二十歳くらいの頃だったと思う。

先輩の姪は五歳。先天性の心臓疾患で、生後間もなく手術を受けた。それ以降も経過療養を続けることを余儀なくされている。そのせいで軽い運動しかできず、同じ年頃の子供より身体も小さい。少し走っただけでも息切れするような状態らしく、家の庭でままごとくらいしかできない。

いつ頃からか、少女は両親と散歩する中学生の少年と仲良くなった。生まれつき足が悪いらしく車椅子に載っている。いつも垣根越しに話をするのだが、狭い建て売りの猫の額程の庭だ、彼を招き入れたくとも、彼の車椅子が入れるようなスペースがない。

「みづきちゃんが良ければ、遊びにおいで」

心苦しく思っていたところ、家へ招待された。みづき親子はそれを機に少年の家へよく訪問するようになった。

葵という名のその少年は手先が器用で、幾つか球体関節人形を作っている。みづきにも見せてくれた。

人形は作っている本人にどことなく似た繊細な表情をしていて、みづきは酷く興味を惹かれたようだ。一緒に粘土を捏《こ》ねるなどしたらしい。

そうして一つ、みづきは葵に願い事をした。自分と葵を模した人形が欲しい、そしたら会えなくても寂しくないから、と。少女の可愛らしいおねだりを少年は快く了承した。

とはいうものの、自分をモデルにした人形を作るというのには気恥ずかしいものがあるのか、なかなか人形は完成しなかった。そして、彼自身がその出来に納得できなかったのだろう。みづきの人形もまた、頭部だけを何度も繰り返し作り直した。

「うちの子、こんなに美人かしら」

丁寧な作り込みの人形の顔に、みづきの母は感嘆してついそう漏らす。

「みづきちゃんはもっと可愛いよ。うまく作れなくてごめんね」

少年は少し困った顔をしてそう言った。

事実、みづきはとても可愛らしかった。

黒目がちの大きな瞳、白い肌、高過ぎず低過ぎない小振りな鼻、薄っすら色付いた形の良い唇。ふっくらとした頰。少し癖毛の色素が薄い髪はふんわり柔らかそうで。容姿を表すのに「まるで人形のよう」とか「天使のよう」などと称したりするが、正にそんな形容がしっくりくる子供だった。

「これがその人形ですか」

「そうです」

そこにあったのはあどけなさの残る少年の人形。みづきの人形に合わせたのだろう、実際の葵の年齢よりは大分幼い。ほっそりとした繊細な雰囲気は葵本人に似せたものだろうか。胡粉まで塗って仕上げのメイクも済んでいる。なかなかの出来だ。

みづきの母親が用意したのか、ゴシック風の深緑のスーツをその身に纏っている。

その横には少女だろう人形の頭部のみが置かれていた。少年のものとは対象的に、こちらは完全に作りかけだ。着色は一切されていない。石塑粘土の色そのままだ。人形用の義眼も入れておらず、植毛すら終わっていない。それでも製作者がモデルに似せようと心血を注いでいたのが伝わる。

何より、そっくりなのだ。

少年の人形よりも、頭部だけのそれに込められた執念のようなものに悪酔いして吐き気を催した程に。

では、具体的にどのような異変が起こっているのか——。

娘の部屋からずっと話し声がしている、とみづきの母親が言う。この人形を作った葵の声が。みづきも「お兄ちゃんとお話しできる」と言っているらしい。

しかし、葵は生きている。病状は思わしくないながらも、最近は高校に通い始めたらしい。高校生ともなれば、中学のときとは授業の内容も違うし生活のサイクルも変わってくる。みづきと遊んでやれる時間がなかなか取れなくなっていた。

それで大層寂しがったみづきが、葵に無理を言って人形を持ってきてしまったらしい。みづきの母は最初、一人遊びでもしているのだろうと思っていたようだ。

それにしても何故、作りかけの人形まで持ってくることになったのかというと、みづきがどうしてもと駄々を捏ねたからだ。

「お兄ちゃん、これ必ず作ってね。みづきのおうちに遊びにきて」

みづきが人形を持っていれば、続きを作るために家に来てくれるだろう。健気にもそう考えたようだ。

「ねえ、みづきちゃん」

「んー?」

「お兄ちゃんのお人形はこんなに素敵なお洋服を着て、みづきちゃんのお人形が隣に来るのを待ってるんだから、お兄ちゃんに最後まで作ってもらおうよ」

「んー……」

どうやら気乗りしないようだ。

「お姫様と王子様みたいに並んだら可愛いだろうなぁ。ちゃんと身体も作ってもらってドレスを着たら素敵だろうなぁ」

パッとみづきが顔を上げた。目が期待に満ちて輝いている。

「みづきちゃん、どんなドレスがいい?」

「みづき、青いドレスが良い!」

「うん、じゃあお姉ちゃんが探しておいてあげる。これ、ママにお願いしてお兄ちゃんに返してこようか」

「うん！」

とても良い返事が返ってきた。

「それまではお兄ちゃんの人形にこの子を抱っこしててもらおう」

「かわいー！」

みづきの母に目配せして、紗和がみづきに渡したのは、お土産に用意してきた掌サイズの熊のぬいぐるみだ。

「お兄ちゃんのお人形も嬉しそうだね」

「うん！」

「みづき、かよ姉ちゃんと遊ぼう」

先輩がみづきを庭に連れ出している間に、先輩の姉であるみづきの母へ簡潔に説明をする。

「いまのところ、この男の子の人形には何の問題もありません」

問題があるのは寧ろこっち、みづきを模した頭部だけの人形だ。葵にそれを返している間に、少年の人形のほうに対処をすることにした。

「いいですか、天気の良い日はなるべく外に出して日光に当ててください。みづきちゃんの遊び時間と一緒で結構です。部屋の中でも湿気の少ない、日当たりの良い場所に置くこと」

「それだけ、なの？」

「それだけです」

みづきの母は何だか拍子抜けしたような顔をした。

「問題は作りかけの人形のほうですが――」

この頭部だけの人形のほうに入り込んでいるものが、未だ何なのかはっきりしない。紗和の力が不足しているのか、それとも「まだなにものでもない」のか。

「葵君が学業に忙しいとしても、適当で良いのでこちらの人形に身体を作ってもらってください。どれだけ時間が掛かっても構わないから、と」

寧ろ目に触れる場所からこの人形がいなくなって、そのまま人形のことを忘れてくれればもっと好都合だ。だが恐らく、この人形はもう一度みづきの許へ戻ってくる。それだけは確信があった。

葵に人形を返すとき、紗和は半ば強引に付き添った。みづきの母に喋らせることなく、殆どを紗和が仕切る形で葵に人形を手渡した。彼は明らかに動揺していた。受け取るのを嫌がる素振りさえ見せた。

「適当で良い」

「取りあえずで良い」

「何ならもう一度作り直すために潰してしまっても良い」

何度もそう繰り返して漸く、小さく頷いた。このときの葵の様子から、人形を手元に置くのを嫌がったのは、葵にも異変があったからだろうことは容易に推測できた。

その後先輩から聞いた話によると、葵に人形を返してからは、みづきに異変は起きていないらしい。

「じゃあ、一旦解決ですね」

「一旦って何よ、やめてよ」

その言葉に、紗和は黙って何も返さなかった。

それから二年が経った。その間、先輩からの連絡はなかったので、葵は身体を作ることなく、多分あの人形の頭部は潰してしまったのだろう。そう思っていた。

再び連絡を受けてみづきの家に向かった紗和の前にあったのは、完成したみづきの人形だった。人形に対して「まるで生きているようだ」と形容することがあるが、その人形は正しく「生きている」ようだった。

呼吸や、瞬き、そして産毛すら見えそうな気がした。

「葵君がね」

「亡くなったんですね」

「ええ、……分かるの？」

完成した人形には、無理矢理捩じ込んだような奇妙な執念が籠もっている。それは霊などではなく、あくまでも「人の思念」だ。決して亡くなった葵の霊ではない。

下校時間になって帰宅したみづきは、成長した分更に可愛らしくなっていた。ただ白く浮腫《むく》んだ顔は病状があまり思わしくないことを匂わせていた。

「あ、みこちゃんだ！」

テーブルの上に人形を見つけ、みづきは花が咲いたような笑みを浮かべる。

「かわいいでしょー」

とても自慢げだ。

「お名前付けたの？」

「そう。みづきの妹のみこちゃんなの」

「そうなんだ」

となると、少年の人形のほうも気になる。

「もう一つのほうのお人形も、見せてもらっていい？」

「いいよ」

快く返事をして立ち上がる。足音は軽いが、走ってはいない。いや、走れないのか。

ふうふうと大きく息をしながらリビングに戻ってきたみづきの手には、あの少年の人形があった。

久々に見た少年の人形は、明るく強くきらきらと「愛された」人形の顔をしていた。

それを少女の人形の隣に置く。妙なことに少年の人形は少女人形を睨んでいるように見えた。

元々ドール好きであったのもあるが、柔和で優しい顔をしたこの少年の人形をみづきの母は最初から気に入っていたのだ。それに加えて、日に当てるようにしてからはどんどん目に見えて綺麗になっていた。それが嬉しくて手を掛けているうちに、ますます深い愛着が湧いた。

本当に大切に「愛された」のである。

「みづきちゃん、みこちゃんをお姉さんが預かってもいいかな」

「だめ」

「どうして？」

「どうしても」

みづきは良い顔をしなかった。頑なに首を縦に振ろうとはしない。

「みこちゃんが駄目って言ってるから？」

みづきが押し黙った。

「私が連れて帰ったら、パパやママやかよ姉ちゃんに酷いことするって？」

みづきは唇を噛んで俯いた。小さな子供の無言は肯定だ。黙ったまま視線を逸らしてスカートの端を握り締めている。

「あのね、みづきちゃん。お姉ちゃんは物凄く強いんだ。みこちゃんには何もさせないよ、絶対。約束する」

視線をみづきに合わせ、噛んで含めるように言い聞かせる。

「うそだよ、だってみこちゃんすごいんだから！」

みづきはもう涙目だった。大きな目が潤んで揺れている。

「お兄ちゃんもみこちゃんが殺したから、言うこと聞かないとみんな殺しちゃうって！」

「それは嘘だし、させないよ」

毅然《きぜん》と言い放つ。

「見ててね」

すっと背を伸ばし、拍手《かしわで》を打つ。人形の中にあった捩れたものがまっすぐに引き伸ばされるのが分かる。みづきが息を飲んで紗和を見た。

球体関節人形は、中が空洞になっている胴体部分にテンションゴムと呼ばれる専用のゴムを通して、手足や頭などといったパーツを繋いでいる。

人形の服を脱がせ、頭を引っ張って首関節を繋ぐ穴の隙間を空けて、そこに米と塩と小豆を捩じ込むように入れた。窓を開け放つ。

――ぶちんっ。

中の繋ぎが切れたのだろう。足が外れて落ちた。

人形の前にグラスに注いだ清酒を置いて、窓のほうを向いてもう一度拍手を打つ。

途端に息遣いさえ聞こえるようだった人形の顔が、無機質な「人形」の顔になった。

紗和は再び、みづきのほうへ向き直る。

「みこちゃんは、お姉ちゃんが預かるね」

「……うん」

短い逡巡の末、みづきが頷いた。気分を変えるよう紗和は声の調子を変える。

「宿題終わった子には、お土産にケーキがあります。宿題する人！」

「はいはいはいはいはい！」

勢いよくみづきが手を上げた。

「じゃあ、宿題できたら見せてね？」

「わかった！」

意気揚々と自分の部屋へ歩き出した小さな背中を見送る。

「ありがとう、紗和ちゃん。助かったわ」

「いいえ。厄介なことになりました」

少女の人形が来るまでは、みづきの体調は悪くなかったはずだ。担当医が不思議がるくらいには上向いていた。それがこの「みこ」と名付けられた人形が来てからというもの、目に見えて悪化している。
「みこ」ができあがってくるまでの間、ここには少年の人形しかいなかった。そして
この二年の間にとても大事にされたことで、少年の人形に「みづきを『守りたい』」
という意思が芽生えたのだ。
「それじゃあ、あの子の体調が良かったのは」
「男の子の人形のおかげです」
「それはいいことでは？」
「この二体は対になってるんです」
異変を起こした大元は、みづきと葵の「健康になりたい」という想いだ。それはど
ちらの人形にも宿っていて共有されている。故に「みこ」を壊せば解決する、という
ものでは決してない。そんなことをすれば、少年の人形が持つ「守り」の力はなくなっ
てしまう。
ただ、葵を模したこの人形には「みこ」にはない決定的な違いがある。それはみづ
きに対する葵の「憐憫《れんびん》と妹のように思う純粋な心」だ。それだけが「みこ」との差を
歴然としたものにしている。

「なので、みこちゃんの人形は私が預かって清めます。本来なら両方預かって清めてから壊すのが良いのですが」

鞄から丸めた和紙を出して人形を包む。その中にも大量の塩を入れた。

考えた末、紗和は一つの提案をする。

「この葵君の人形をみづきちゃんの守り神にします。但し、中身は霊ではないのでいつまで持つかは分かりません」

――どうしますか。

このとき紗和には漠然とした予感めいたものがあった。みづきは葵の人形と同じくらいの年齢までしか生きられないだろう。そこまでの人生を病魔に蝕まれながら生きるか、少しでも守りを付けて安らかに生きるか。その程度の違いしかないだろうが、ないよりはマシなはずだ。

ひょっとしたら、紗和の予感が外れて奇跡が起こることもあり得る。

「お願いします」

一言絞り出すように零して、みづきの母は嗚咽《おえつ》を漏らした。みづきの病気のことは母親が一番よく知っている。この人にも何となく、みづきの寿命が分かっているのだろう。

「できることしかできませんが」

そう前置いて、人形に話しかける。

「みづきちゃんは可愛いよね。大好きでしょう？　みづきちゃんが大きくなったらきっと美人になる。見たくない？　見たいよね。あなたが守ってあげてね」

本来ならしてはいけないことだ。そういう自覚はあった。声には出さずに胸の内で言葉を続ける。

——あなたが彼女を花嫁として適齢期だと思う歳まで生かすの。

——幸せな彼女を見たいでしょう。

——女性として一番美しい年齢まで生きてほしいでしょう。

——あなたが、生かすのよ。

「また異変があったら教えてください」

それだけ言いおいて、みづきの家を辞した。

「みこ」のほうは手足を繋いでいるテンションゴムを張り直してやってから、二、三発殴ったら大分大人しくなったのでフキへ預けた。もう悪さはできまい。人形を見た途端、フキは呆れたように呟いた。

「すっかり萎縮しとる」

あれから二十四年経った。あれ以来みづきの母から連絡はなかった。

先日、親友から連絡があった。みづきの母からだ。「異変ですか」と伝えてもらうと、すぐに返事が来た。

「ありがとうございました。先日、娘が旅立ちました」

即座に連絡を取った。

「娘さんの棺に葵君の人形を入れてください。約束でしたから」

「やはりそうでしたか」

ふっ、と笑うように息が漏れるのが聞こえた。

「怒らないのですか」

「娘は三十一まで生きることができました」

思い切り走ることはできなかったけれど、それでもやりたいことをやりきった人生だったとみづきは言った。

私、葵君の人形と結婚するの。約束したから。ちっとも嫌じゃないよ。だって、ずっとみづきの王子様だったもの。

「だから一緒に燃やしてほしいと。知っていたんですね」

礼をしたいと言われたが断った。

みづきを人形に娶らせる約束を、勝手にしたのだ。礼を言われる筋合いのことではない。

「この馬鹿者が！　勝手に取り引きなんぞしおって！　二度とやるでないぞ！」

直後にフキから電話で叱責された。「みこ」は真っ白な塊になっていたという。

紗和は未だに正しいことをしたとは思っていない。

みづきの魂は一体どこへ行ったのだろう。どうなったのだろう。

それはたった三十一年の人生に見合うものだったのだろうか。

あとがき　初の単著に当たって

現役の作家でもあり編集者でもある加藤一氏に、単著の打診をされたのが二〇一九年十一月の後半の頃のこと。

全然爪の先程も頭になかったので、それはまあ吃驚した。だって私ですよ？　筆は遅いし、話数は少ないしで、それほど名が知れてるとは思えない。百式（恐怖箱百物語）の感想でもあまり良くは書かれていない。『他の著者に比べて力不足』と書かれているのを何度か目にもした訳で。というかまあ、若干自信を失くしていたのだ。『話数を採用されないのは、力量不足』という感想を目にしたとき、共著者の神沼先生や高田公太氏、編著者の加藤先生に物凄く申し訳なくて。「採用されない」のではなくて「全編採用されてあの話数」だったから。つまりは出せる話が他の二人に比べて少なかった。

コミュ障で出不精だから取材力がねぇんだよっ！　と、キレ散らかしてしまいたかった。できんけど。つか、せんけども。

けれども加藤先生は高く評価してくれて「一年、いや、二年くらい掛けてもいいからストックして出しましょう！」と言ってくれたので、じゃあ頑張ってみようかなと。実際は三年かかったけども。大変お待たせしました、ごめんなさい。

それからネタ元の紗和さんに連絡して、単著に向けてのネタを集め始めた。彼女は実は「超‐1」の頃からの付き合いで、元は怪談の書き手だった人。事情があって怪談からは身を引いてしまったけども、今でも良い付き合いを続けている。彼女のおかげで今の私があるのです。本当にありがとう、大好きだよ。

一方で、私の単著をずーっと熱望して待ってくれてた人がいて。いつ出るかも分からないのに「単著を待ってます」と事あるごとに言ってくれて、「椿の家」のファンアートまで描いてくれた。支えになっていたんだなぁ。とんさん、ありがとう。

私の書く文章を「端正で古色を帯びて好き」と評してくれた黒耳操さん、私もあなたの書く明治大正期や昭和初期の江戸川乱歩を思わせる作風が大好きです。私が勝手に押し付ける話を読んでくれてありがとう。感想、嬉しかった。これからもよろしく。

私が実話怪談を書き始めたのは、実は「超‐1」に応募する少し前で、ミニブログでちょこちょこ書いていた程度のものだった。当時のサイト仲間に触発されたのもある。誰が言い始めたのか、当時の私の渾名は「師匠」で、いや、今でも一部の人達はそう呼ぶが、彼もまた私をそう呼んだ。

「師匠の書く話は本当に怖い」

そう言って「超 - 1」への参加に背中を押してくれた。彼の言葉がなかったら、私は怪談を書いていたかも分からない。「熊」こと、つくね乱蔵氏に感謝を。そして、生活が厳しかった折に、おかんが如く米や作りおきのおばんざいを送ってきて支援してくれた熊の嫁、いぶさんに感謝を。あなたの強かさが大好きです。

「超 - 1」に参加し始めた頃、某掲示板で『「超」怖い話』の著者陣の書き方を真似ている、と言われたことがある。

知らんがな。読んだこともないわ。というのが素直な感想だった。

「超 - 1」に参加するまで『「超」怖い話』を読んだこともなかったし、加藤一という人自体を知らなかった。まあ、所謂「素人」だった訳である。ただ幸いなことに、私の友人は視える人であったし、オカルト好きもいた。門前の小僧よろしく、浅いながらも若干の知識はあったから、何とか付いていけたという感じだろうか。

それにしても、まさか単著を出せるようになるとは思わなかった。恐怖箱の参加を打診されたときも驚いたけども。周りは錚々《そうそう》たるメンバーで、私みたいな素人が混ざって良いんだろうかと戦々恐々した。今はそこそこ慣れました。笑。

百式では、今も昔も神沼三平太氏に大いに助けて戴いている。

「数は任せろ。ねこや堂さんはいい話書いてください」

そう言って戴いたので、というか、毎年そう言ってくださるので、ありがたく背中をお任せしている。吃驚する程の安心感は流石である。ありがとうパパ。笑。

去年百式を卒業した高田公太氏、「ねこやさんも単著書こうよ」と言ってくださったのは本当嬉しかったんですよ。「ねこやさんが一番上手いよ」という言葉はお世辞でもありがたくて嬉しかった。

もうホント取り留めない書き方で申し訳ないですが、加藤先生、本当に最後の最後まで尻を叩いてくださってありがとうございます。おかげで原稿を落とすことなく何とか形になりました。感謝しかありません。

ということで、ちょっと締まりがないけども本は良いものができたと思います。

どうかお手に取って一つ。

二〇二二年　　　　　　　　　　　　ねこや堂

本書の実話怪談記事は、実話怪談 封印匣のために新たに取材されたものなどを中心に構成されています。快く取材に応じていただいた方々、体験談を提供していただいた方々に感謝の意を述べるとともに、本書の作成に関わられた関係者各位の無事をお祈り申し上げます。

実話怪談 封印匣

2022年10月6日　初版第一刷発行

著者……………………………………………………ねこや堂
カバーデザイン………………………………橋元浩明（sowhat.Inc）

発行人……………………………………………………後藤明信
発行所……………………………………………株式会社　竹書房
〒102-0075　東京都千代田区三番町8-1　三番町東急ビル6F
email: info@takeshobo.co.jp
http://www.takeshobo.co.jp
印刷・製本………………………………………中央精版印刷株式会社